孩子的智商这样培养最有效

柴一兵 ◎ 编著

北京工业大学出版社

图书在版编目（CIP）数据

孩子的智商这样培养最有效 / 柴一兵编著. —北京：北京工业大学出版社，2015.7（2021.9 重印）
ISBN 978-7-5639-4348-7

Ⅰ.①孩…　Ⅱ.①柴…　Ⅲ.①儿童-智力开发　Ⅳ.①G610

中国版本图书馆 CIP 数据核字 (2015) 第 131167 号

孩子的智商这样培养最有效

编　　著：柴一兵
责任编辑：杜曼丽
封面设计：尚世视觉
出版发行：北京工业大学出版社
　　　　　（北京市朝阳区平乐园 100 号　邮编：100124）
　　　　　010-67391722（传真）　bgdcbs@sina.com
经销单位：全国各地新华书店
承印单位：唐山市铭诚印刷有限公司
开　　本：787 毫米 × 1092 毫米　1/16
印　　张：14
字　　数：190 千字
版　　次：2015 年 7 月第 1 版
印　　次：2021 年 9 月第 2 次印刷
标准书号：ISBN 978-7-5639-4348-7
定　　价：39.80 元

版权所有　翻印必究
（如发现印装质量问题，请寄本社发行部调换 010-67391106）

前　　言

随着社会的发展，人与人之间的竞争越来越激烈，这就要求孩子有更强的综合能力。其中，最重要的素质之一便是智商。因此，家长越来越重视对孩子智商的培养，希望能够让孩子越来越优秀，让他们能获得更好的发展，取得更大的成就。

不过，很多家长对智商的认识还存在不少误区，比如将智商与学习成绩等同起来，等等。这些认知上的错误会影响家长对孩子的培养，可能导致家长用不科学的方式去提高孩子的智商，不仅没能提高孩子的智商，而且可能适得其反，给孩子带来不利影响。因此，家长要在正确认识智商的前提下，找到有效、科学地提高孩子智商的方式。

本书共有十一章，每章都对应一个与提高智商有关的主题进行详细阐述，不仅为家长提供了帮助孩子提高智商的方法，还有事例和分析；不仅吸引家长，还能帮助家长理解和借鉴。本书不仅涵盖了如何提高孩子的注意力和想象力等内容，还增加了怎样为孩子营造一个好的环境等内容。相信通过阅读本书，家长一定能有所收获。

本书最大的特点就是内容丰富、事例真实、贴近生活，即使是提高思考能力这样比较抽象的内容也能通过故事进行详细、具体的说明，对家长的理解和借鉴会有很大帮助。相信家长能够从这本书中找到科学地提高孩子智商的方法。

智商是孩子取得成就的基石。只有用科学、有效的方式，才能真正提高孩子的智商，为他们的成长之路奠定基础，帮助他们获得成功。因此，从现在开始，家长就要关注孩子的智商，并努力掌握提高孩子智商的方法！

目　录

第一章　开发孩子智力的钥匙就握在家长的手中

家长要了解智商的内容 …………………………………… 003

孩子左右脑不同，开发方式也不同 ……………………… 007

家长不可忽略孩子的智力开发时期 ……………………… 010

理性看待遗传与孩子智力水平的关系 …………………… 013

智力测试结果不能完全体现孩子智商高低 ……………… 016

第二章　提升孩子的注意力，家长这样做才有效

孩子专心做事时，家长不要打扰 ………………………… 023

"收心期"，让孩子能更专心地去做事 …………………… 027

让孩子学会分清主次，一次只做一件事 030

培养孩子的自制力，不为外界事物干扰 034

表扬和批评并用，提高孩子的注意力 037

第三章　提高孩子观察力，家长这样做效果更明显

从激发孩子好奇心入手，培养孩子的观察力 045

在观察事物前，让孩子明确观察目标 048

教孩子学会根据事物的逻辑顺序观察事物 053

教孩子将观察和思考结合起来 057

让孩子学会在观察时排除错觉和外在干扰 061

第四章　抓住诀窍，提高孩子的记忆力

引导孩子将难记的信息融入感兴趣的记忆方式 069

让孩子在朗读中提高记忆效率 073

教孩子从记忆规律中寻找诀窍 077

让孩子学会在列提纲中增强记忆效果 082

让孩子在左右脑协调训练中提升记忆力 086

◎ 目　录

第五章　家长应悉心培养孩子的想象力

孩子的想象力，家长应悉心呵护 ……………………… 093

在生活中培养孩子的想象力 …………………………… 096

教孩子学会用联想的方式想象 ………………………… 099

教孩子具体描述自己想象的世界 ……………………… 102

引导孩子在阅读中放飞想象的翅膀 …………………… 105

第六章　提高动手能力有助于开发孩子的智力

提高孩子的动手能力，让孩子更加聪明 ……………… 111

孩子爱发明创造，智商提高快 ………………………… 114

新颖的劳动方式有助于孩子提高智商 ………………… 117

让孩子在游戏中提高动手能力 ………………………… 120

让孩子在"搞破坏"中提升智力 ……………………… 124

第七章　孩子语言能力的提高需要在生活中长期积累

家长要重视培养孩子的幽默感 ………………………… 131

让孩子明白：争执无益，有理不在声高 134

日常教孩子练习各种文体的朗读 137

家长应培养孩子的沟通能力 141

告诉孩子：好口才不等于贫嘴 144

第八章　开发孩子的智力不能忽视品格教育

自信，让孩子散发独特魅力 151

爱好多一些，孩子的智商更高一些 154

勤学好思，让孩子的成绩更上一层楼 158

勇敢和坚强的人更容易取得成功 161

孩子做事持之以恒，成功的概率更大 164

第九章　科学饮食，是孩子智力提高的物质保障

挑食的孩子容易大脑发育迟缓 171

合理的营养是孩子大脑发育的物质基础 174

贪吃的孩子不但胖，还显得笨笨的 177

孩子的膳食应科学合理地安排 181

让孩子远离垃圾食品才有益于大脑发育 184

◎ 目　　录

第十章　给孩子创造一个利于开发智力的成长环境

越爱质疑，孩子就越聪明 189

能灵活运用换位思考的孩子更聪明 191

轻松愉快的家庭更易培养出聪颖的孩子 195

安静的环境有助于提高孩子的学习效率 198

孩子喜欢体育锻炼大脑更灵活 201

休息好的孩子精力才充沛 204

家庭环境的布置要兼顾孩子的智力开发 207

第一章
开发孩子智力的钥匙
就握在家长的手中

◎ 第一章 开发孩子智力的钥匙就握在家长的手中

家长要了解智商的内容

欣欣又嘟着嘴不开心地从学校回来了，闷闷不乐一句话也不说。

"怎么了，谁惹欣欣不开心了啊？"看见不开心的欣欣，爸爸端着水果不解地笑着问。

"没什么，就是今天又有人冲着我喊'小笨蛋'了。他们还说，我在幼儿园就那么笨，现在都三年级了，该改口叫'大笨蛋'了。爸爸，你说我是真的很笨吗？"

"当然不是了！"爸爸斩钉截铁地说。"欣欣怎么会是笨蛋呢？欣欣的成绩不是一直都挺好的嘛！"

欣欣从小说话就晚，走路也晚，好像别的孩子能做的事，她都会晚一段时间。家里人就曾经开玩笑地说她笨。爸爸为了安慰欣欣，也是为了给予欣欣鼓励，特意查了有关智商的知识，又根据书上的测试对欣欣的智商做了检测，看着正常的数字，爸爸对欣欣说："看，我说的没错吧，欣欣怎么会是笨蛋呢？加油，只要努力，一定会非常棒的！"

衡量一个人聪明与否会通常用到"智商"一词，一般的理解认为智商是一个人的智力发展水平，智商越高，也就越聪明。那么身为家长，对智商究竟有多了解呢？

智商，简称IQ(Intelligence Quotient)，即智力商数，具体指的是数字、空间、逻辑、词汇、记忆等能力。智商也称智慧、智能，是人们认识客观事物并解决实际问题的能力。智力的高低通常用智力商数来表示，用以标示智力的发展水平。

智商分为比率智商和离差智商。比率智商是由法国的比奈和他的学生发明的。智商的计算方法是100乘以心智年龄和生理年龄的比。他根据这套测验的结果，将一般人的平均智力设为100，而正常人的智商，根据这套测验结果一般在90到109之间。如果一个人的智龄与实际年龄相等，其智商为100，这就标示其智力中等。为了准确表达一个智力水平，智力测量专家提出了离差智商的概念，即用一个人在他的同龄中的个对位置，即通过计算受试者偏离平均值多少个标准差来衡量，这就是离差智商，也称为智商（IQ）。

智商包括多种能力，比如观察力、注意力、记忆力、思维力、想象力、分析判断能力、应变能力等。下面七种能力，为家长逐一解释说明。

1.观察力

观察力，是指大脑对事物的观察能力，如通过观察发现新奇的事物等，在观察过程中对声音、气味、温度、颜色、表现等有一个新的认识。观察力是非常重要的一个能力，对这一能力的培养也是自孩子出生起就一直伴随其成长乃至成年的。人们发现对孩子观察力的培养至关重要的是出生后的前两年，也就是0到2岁的时候，这一时期是培养孩子对颜色、声音、气味和外界事物的认识的关键时期，如果父母经常和孩子说话，教孩子认识各种简单事物，这对刺激孩子大脑发育很有好处，孩子长大后的语言表达能力也会更强，孩子的智商就更高。所以，培养孩子的观察力，对提高孩子的智商很重要。

2.注意力

注意力，是心理活动指向和集中于某种事物的能力。注意力是孩子做好事情、学好知识的重要前提和保障。世界上伟大的教育家蒙台梭利曾经有一句经典的话:"给孩子最好的学习方法就是让孩子聚精会神地去学习。"而据专家们调查和研究,中国75%的儿童存在注意力不集中的现象,所以,要想提高孩子的学习和智商,培养孩子提高注意力非常重要。

3.记忆力

记忆力,是认识、保持、再认识和重现客观事物所反映的内容和经验的能力。比如,对学过的知识,人们可以保留较长时间的印象或者终身不忘,到老年时对自己年轻时候的事还有印象,就是人的记忆力在起作用。记忆力对人的重要性不言而喻,尤其对于孩子,良好的记忆力可以帮助孩子在学习中更省时更省力。如果对知识的记忆时间长的话,对提高智商也是一大好处。

4.思维力

思维力,是人在表象、概念的基础上进行分析、综合、判断、推理等认识活动的能力。当人在学会观察事物之后,逐渐会把各种不同的物品、事件、经验分类归纳,对不同的类型都能通过思维进行概括。其实人们通常所说的智商更多倾向于思维力。形容一个人聪明时,人们常会用"思维敏捷"等词来形容,由此可见思维力的重要性。思维力是人的智力的核心因素,人的一切活动都离不开思维。培养孩子的思维也是有一定的训练方法的,最基本最重要的方法就是读书,另外要让孩子多动手、多实践,理论与实践相结合,从小注重培养孩子的思维力,对提高孩子的智商非常重要。

5.想象力

想象力,是人在已有形象的基础上,在头脑中创造出新形象的能力。比如,当家长说起圆形,孩子马上就想象出各种各样的和圆形有关的物体形象,这就说明孩子富有想象力。因此,想象一般是在掌握一定知识面的基础上完成的。一般来说,年纪小的孩子的想象力更加丰富,但是在我们的传统教育观念中,想象力丰富似乎并不是一件好事,这样的孩子会被认为是"胡思乱想"，"不听话"，而在灌输式的千篇一律以应试为目的的教学中，孩子与生俱来的丰富的想象力就被慢慢扼杀，孩子天马行空般的想象力被条条框框所禁锢，创造力也下降了。现代社会需要的是创造型的人才，这就需要孩子拥有丰富的知识修养和丰富的想象力。同时，丰富的想象力还可以帮助孩子活跃思维，提高智商，所以，培养孩子的想象力对于提高孩子的智商很有帮助。

6.分析判断能力

分析判断能力，是指人对事物进行剖析、分辨、单独进行观察和研究的能力。分析判断能力较强的人，往往学术有专攻，技能有专长，在自己擅长的领域里，有着独到的成就和见解，并进入常人所难以达到的境界。这里所说的就带有专业色彩了。我们通常所说的分析判断能力是指对基本是非的判断，并且随着年龄的增长能够明白相应的道理，对事物有自己的看法和见解。

7.应变能力

应变能力，是指人们在外界事物发生改变时所做出的反应，可能是本能的，也可能是经过大量思考后所做出的决策。而一般来说，反应灵敏的人，自然智商也高。应变能力体现在生活的方方面面。应变能力是对语言表达能力、思维力等能力的综合考验，也是智商高低的一大指标。要提高孩子的智商，应变能力至关重要。

◎ 第一章　开发孩子智力的钥匙就握在家长的手中

孩子左右脑不同，开发方式也不同

美国心理生物学家斯佩里博士通过著名的割裂脑实验，证实了大脑不对称性的"左右脑分工理论"，因此荣获1981年诺贝尔生理学或医学奖。正常人的大脑有两个半球，由胼胝体连接沟通，构成一个完整的统一体。在正常的情况下，大脑是作为一个整体来工作的，来自外界的信息，经胼胝体传递，左、右两个半球的信息可在瞬间进行交流，人的每种活动都是两半球信息交换和综合的结果。

人的左右大脑是相互联系的一个整体，同时也可以进行独立活动，左右脑在机能上有分工。根据斯佩里博士的割裂脑实验的结果，左半脑主要负责逻辑理解、记忆、时间、语言、判断、排列、分类、逻辑、分析、书写、推理、抑制、五感(视、听、嗅、触、味觉)等，思维方式具有连续性、延续性和分析性。因此左脑可以称作"意识脑""学术脑""语言脑"。右半脑主要负责空间形象记忆、直觉、情感、身体协调、视知觉、美术、音乐节奏、想象、灵感、顿悟等，思维方式具有无序性、跳跃性、直觉性等。右脑像万能博士，善于找出多种解决问题的办法，许多高级思维功能取决于右脑。把右脑潜力充分挖掘出来，才能表现出人类无穷的创造才能。所以右脑又可以称作"本能脑""潜意识脑""创造脑""音乐脑""艺术脑"。由此可以看出，人的左脑主要从事逻辑思维，右脑主要从事形象思维。右脑是人创造力的源泉，是艺术和经验学习的中枢，要深入挖掘人的大脑的潜能，对于大脑智力的开发，重点在右脑的发掘上。左脑被喻为是人的"本生脑"，左脑中记载着人出生以来的知识，管理的是近期和即时的信息。而右脑被喻为人的"祖先脑"，储存从古至今人类进化过程中的遗传因子的全部信息，比如很多人天生就掌握的技能和懂得的道理就是人的右脑在起作用。右脑也是潜能激发区、创造力爆发区和低能高效工作区，除此之外，人的大量情绪也是由右脑所控制的。右脑拥有如此巨大的能量，所以开发右脑对孩子的智力发育非常关键。

人的大脑和身体是"交叉控制"的关系，也就是人的左脑控制的是右侧身体，而右脑控制的是左侧身体。因此要训练孩子的左右脑，可以从训练孩子的肢体入手。下面就向家长介绍一下训练右脑的方法，希望对家长开发孩子大脑、提高孩子智商有所帮助。

开发右脑的最主要途径就是向右脑输入信息来刺激右脑发育。一般来说，训练右脑可以分为两种途径。第一是有意识地调动眼、耳等感觉器官的活动。比如，听音乐、看电影和电视、观看表演、戴耳机时插在左耳、摄影时用左眼取景，等等。这里推荐几首专门训练右脑的音乐，如蓝色多瑙河、月光曲、梦幻曲等好听的钢琴曲，家长可以推荐给孩子听，学习之余既缓解疲劳又锻炼右脑。第二个途径就是加强左侧肢体的锻炼，比如，练习用左手来做很多事，像打羽毛球、练习左手拿物体、使用筷子、练习书法写字，等等。这些都有助于开发孩子的右脑。也许有的人不相信，连说悄悄话都有助于孩子的大脑发育。从左耳传进去的消息需要右脑进行处理，这样的方式也可以刺激右脑的发育。

一天，正在写作业的暖暖突然问了爸爸一个问题："爸爸，你说人为什么都要用右手写字啊？"

爸爸被她突如其来的问题问得有点懵住了，思考了一下，他对暖暖说："因为人天生就是用右手来写字的啊！"

"那为什么我们班就有个小朋友会左手写字呢？"

◎ 第一章　开发孩子智力的钥匙就握在家长的手中

爸爸突然想起不知在哪里看到过一句话说左手灵活的人也就是人们常说的左撇子更加聪明，是因为他们的右脑更加发达。于是爸爸就对暖暖说："左手会写字的孩子会变得很聪明哦，暖暖想不想变得聪明啊？"

"想啊，那我也来试着用左手写字！"听说可以变得聪明，暖暖一下子来了兴致。于是爸爸开始有意识地锻炼她左手的灵活程度，比如，用左手来搭积木，用左手打羽毛球，爸爸还特意给暖暖报了钢琴辅导班。在不断的练习下，暖暖的左右手灵活程度越来越高，协调性也越来越好了。爸爸相信，经过不断的锻炼，孩子的左右脑发育也会越来越好。

对于年龄较小的孩子来说，一些动手游戏就是很好的开发大脑的方式。比如折纸、搭积木、双手替换拍球等游戏，能锻炼孩子的身体协调性，同时刺激孩子的大脑发育，对开发智力很有帮助。此外，语言也有对孩子大脑的刺激作用。所以要锻炼孩子的脑部发育，教孩子学习语言或者学习外语也是很有好处的。当然，绘画、钢琴、舞蹈等更是对孩子的大脑开发非常有益的。

除了开发孩子的右脑以外，家长还要同时注意孩子左脑的开发与锻炼。人的大脑是一个整体，处理信息也是左右脑综合作用的结果，所以要想提高孩子的智商，必须注重孩子左右脑的同时开发和利用。孩子的语言能力是各种能力中表现较早的能力，所以对听觉、语言、嗅觉等多项感觉器官的锻炼可以有效促进孩子左右脑的均衡发展。家长要重视孩子语言能力的培养，从小抓起，通过语言表达、声音辨别刺激孩子脑部发育，提高孩子智力。人的右侧肢体天生就比较灵活，比如一般人都是用右手吃饭、右手工作，家长要在此基础上加强孩子右侧肢体的灵活性锻炼，刺激孩子左脑更好地发育。有一项运动就能很好地锻炼孩子的左右手，帮助刺激脑部发育，那就是弹钢琴。钢琴需要左右手的完美配合才能演奏出优秀的乐曲，是对左右脑开发的有效方式。

人的大脑处在不断成长的过程，所以家长要有一个观念，就是促进孩子脑部成长、开发孩子智力是一个持久的过程，要不断加强锻炼，随着孩子年龄的增长，用不同的方式刺激孩子左右脑的发育，不断提高孩子的智商。

家长不可忽略孩子的智力开发时期

如果把人的大脑比作一座宝库，那么智力就是其中最宝贵的财富。但是这些财富是需要开发的，人的智力发育程度如何，在很大程度上就取决于开发程度。人们常说的"三岁看大，七岁看老"，说的就是人的智力开发也有一定的时期，到了一定年龄、一定程度就像"定型"一样，智力就基本处在一个比较稳定的水平了。所以，家长要把握孩子智力开发的关键时期，尽可能地发掘孩子大脑中的"宝藏"，尽可能提高孩子的智商。

家长首先要明确一个概念：智力开发。智力开发是指把人的知识、智慧和能力作为一种巨大的资源来开掘、发展和运用。其中包括学校和幼儿园教育过程中的智力培养，即在传授知识和技能的过程中注重发展儿童的智慧和能力。有时也特指早期智力开发。智力开发是讲究时期的，而且在孩子成长的过程中如果没有把握好智力开发的关键时期，就错过了孩子提高智力的最佳机会，这样孩子的智力潜能就如同被掩埋的宝藏，很难再得到大的发展和提高。所以，要提高孩子的智力，一定要把握好关键时期。

◎ 第一章　开发孩子智力的钥匙就握在家长的手中

1. 大脑发育的阶段

孩子的大脑发育大致分为两个阶段。

第一个阶段是三岁之前。这一时期，孩子的大脑处在急速增长的状态，孩子在出生时脑重量只有三百七十克左右，到第一年末，脑重量就已经接近成人的百分之六十；到第二年末，接近成人的百分之七十五，约为出生时脑重量的三倍；到三岁时，脑重量达到成人的百分之八十。在这之后，脑发育速度逐渐减缓，因为智力与脑的发育有直接关系，所以这一时期是智力开发的重要时期。然而由于有些父母缺乏早期教育的意识，所以浪费了开发孩子智力的这一关键时期。

第二个阶段是三岁之后。孩子到三岁之后，大脑的丰富性和复杂性基本定型，这时大脑的结构就已经牢固地形成了。当然这不代表孩子的大脑发育已经完成，但是这时孩子的智力的开发空间就只剩下百分之二十了。孩子的智力开发时期有限而且非常关键，一旦错失，再要想弥补，可能性就非常小了，所以各位家长一定要抓紧孩子智力开发的关键时期。

2. 智力开发的要点

在第一阶段中，一到二周岁要注意培养孩子的语言能力。尽量引导孩子学说话。在孩子一岁之前，家长要多跟孩子进行语言交流，这一时期要更多地培养孩子对声音的敏感程度和语言表达能力。家长需要注意的是在这一时期的语言培养中要多引导孩子学习，这就需要在实践中不断练习，家长还应注意教给孩子正确的语言。这一时期的孩子模仿能力非常强，可能家长无意之中的一句话，孩子就学去了。所以家长一定要注意自己的言语，给孩子以正确的引导和帮助。

除了语言能力，这一时期也是注意力、思维力发育的重要时期。培养孩子注意力有很多方法，通过玩具来提高注意力就是一个很好的方法。给孩子提供玩具，让孩子通过游戏来提高对事物的注意力。需要提醒的是，不要一次给孩子太多玩具，这样反而容易分散他们的注意力，不能把精神集中在一个事物上。

在孩子两到三周岁时，要进一步提高其语言能力。这时仅仅靠日常口头交流引导已经不能满足孩子智力开发的要求了，需要引导孩子规范语言、亲近文字。可以买一些幼儿图书教孩子看，从书上了解一些知识，更重要的是培养孩子对文字的兴趣和对书籍的兴趣。所以家长不必太在意孩子从书中究竟学会了多少字或者认识多少动物，而是要引导和培养孩子对书的兴趣、对学习的热爱。

开发孩子智力，要从营养和教育两方面入手，抓住时机，帮助孩子开发智力，提高孩子的智商。

每天下午饭后，妈妈就带着两岁的儿子小叶出来散步了。

从蹒跚学步的时候开始，小叶就要每天完成散步的任务。看见院子里花花草草，小小的小叶就能叫出它们的名字，见了人也是"叔叔""奶奶"地叫个不停，小区里谁见了都夸他聪明。

小叶说话早，发音也清楚，记住的字词多，这些其实都归功于他的爸爸妈妈。妈妈每天坚持陪孩子"聊天"，所以小叶从小对语言就很敏感。

现在的小叶身体健康，口齿清楚，两岁半就能背唐诗了，这么聪明的孩子，谁见了不喜欢呢？

除了语言能力，身体发育也很重要。比如肢体的发育、身体的协调程度对智力发育都有影响，所以家长可以带孩子做一些简单运动，比如把散步作为每天的必修课就是造就聪明大脑的第一步，也是拥有健康体魄的第一步。两三岁的孩子还有一个特点，就是迫切希望自己做一些事情，这是锻炼孩子

◎ 第一章 开发孩子智力的钥匙就握在家长的手中

提高生活技能的好机会，对孩子的智力开发很有好处。家长可以教孩子自己做一些简单的事，比如吃饭、穿衣服、系鞋带、洗手、扣纽扣，等等。家长这时一定要有耐心，培养孩子的生活技能是为了更好地开发智力。

三岁之后，就要注意培养孩子各方面的综合能力了。三到四岁要培养孩子的逻辑思维能力和注意力。亲子游戏是一个很好的选择，不仅可以促进孩子的大脑发育，锻炼各方面的能力，还可以增进亲子间感情。四到五岁要继续提高孩子的阅读能力和对数字的认知，对方位也要有一定的概念。五到六岁要注意孩子日常生活能力的进一步提高，培养孩子的自理能力，教孩子使用一些生活中常见的简单工具，比如剪刀等。在开发孩子智力的过程中，家长始终要注意的是给孩子营造一个十分活跃和宽松的家庭氛围和学习氛围，这有助于孩子发散思维，对学习很有帮助。由于孩子好奇的天性在不同时期会伴随有不同的问题出现，家长对待孩子的提问应认真回应，并且引导、鼓励孩子仔细观察，积极思考，自己动手动脑寻找答案。

理性看待遗传与孩子智力水平的关系

孩子的智力是否跟遗传有关系呢？

答案是肯定的。当然有！美国加利福尼亚大学洛杉矶分校神经学系的科学家在英国《自然神经科学》杂志上报告说，他们对20对双胞胎进行了研究，对他们进行脑扫描，分析其脑部的灰质及白质的分布情况，并要求他们做一些测智商的题目。灰质是神经细胞密集的区域。研究发现，在额叶皮质等部位，同卵双胞胎的脑部灰质数量基本相同，异卵双胞胎则不同。这表明，灰质分布情况很大程度上取决于遗传。此外，灰质的数量也与智商测试的分数呈现密切的相关性。研究人员认为，这一研究首次表明基因、脑部结构及人的认知及语言能力之间可能存在联系。

在各项研究结果中还有这样一个有趣的结论，就是孩子的智力遗传与妈妈的关系更大。换句话说，如果妈妈聪明，那么生下的孩子大多聪明。如果是个男孩，那么孩子将有可能更加聪明。这其中的原因在于，人类与智力有关的基因主要集中在X染色体上。女性有2个X染色体，男性只有1个，所以妈妈的智力在遗传中就占有了更重要的位置。孩子的基因来自于父方和母方。男孩的染色体组成一般记为XY，X是来自母亲一方的卵子，Y是来自父亲一方的精子，女孩为XX，受父母各一半的影响。因为女孩的智商受到父母双方的影响，所以会有中和的效应。所以女生智商的分布呈倒钟状，中间最多，两边较少。男生因为是完全只受一方影响，所以男生智商的分布会呈现出偏向于两个极端。也就是说，男生天才比较多，但是同时，蠢材之中也是男生特别多。

关于智力的遗传，有这样一些有趣神奇的现象。西班牙纳瓦拉大学神经科学院院长马斯德乌是国际知名的神经学研究专家。他认为"智力是一种解决问题的能力"，关于这种能力能否遗传，科恩伯格可以作为一个例子。罗杰·科恩伯格在他十二岁的时候，一天深夜两点，他被父亲从沉睡中激动地唤醒，他看到的不再是平日里深沉而内敛、整日整夜在书房里研读的父亲，而是一个异常兴奋的人，原来他刚刚得到来自瑞典的通知，告知他获得了1959年的诺贝尔生理学或医学奖。当时的科恩伯格并没有太在意，他认为这是大人的事情，而且父亲的兴奋也令他感到无法理解。但是在数十年之后，当他接到同样的电话时，和当年父亲接到电话是同一天，甚至连时间也是惊人的相近，基本又是在深夜两点。他感到非常震惊。"我只能用震惊来形容。"他说。他刚刚获得了进入诺贝尔化学奖得主这个精英俱乐部的机会。

◎ 第一章　开发孩子智力的钥匙就握在家长的手中

但与此同时，科恩伯格还进入了另一个范围更为狭窄的俱乐部：诺贝尔奖父子(母女)得主的俱乐部，而他是该团体中的第七位成员。无独有偶，另一位诺贝尔奖得主居里夫人的长女伊蕾娜是两位诺贝尔奖得主的女儿，她和母亲一样，也是因为在放射性元素研究上的杰出贡献而获得了诺贝尔化学奖。她是个很典型的例子，家庭中有两位诺贝尔奖得主，四枚诺贝尔奖章，父母都是非常伟大的人物，外祖父也就是居里夫人的父亲是物理教授，如此家族是否对其基因有一定的遗传影响？"没错。加利福尼亚大学的一项研究指出，神经系统的某些特征是可以遗传的。可以说一个人出生时的基因遗传自父母，但这并不能决定他最终的智力。"马斯德乌对此解释说。

父母的基因确实是对子女的智力有一定影响的，但这不是决定因素。人的神经系统存在着一种基础结构，但并非固定的结构，神经系统是后天形成的。打个比方说，如果将人的神经系统用手来做比喻，同样一双手，用来打铁会变得又粗糙又不灵活，但是如果用来弹钢琴，它会变得修长而且灵活。马斯德乌的这一观点说明了对于孩子的智力问题，后天的教育要比先天的基因更为重要。

"我和你爸都不怎么笨吧，你说说你怎么就笨成这样了呢！"每次考完试，看着成绩单的妈妈都会这么数落小真。

小真今年一年级了，为数不多的几次考试成绩却不怎么让人满意。他在幼儿园一直挺乖的，但也不是那种非常聪明伶俐的孩子。爸爸妈妈一直觉得孩子还小，没有太在意，可是现在上了小学，别人家的孩子都动不动就是双百分，看着小真总是七八十分的成绩，妈妈很着急。

"你看人家的孩子都那么聪明，看看小真那成绩，这样下去长大了怎么办？"妈妈跟爸爸抱怨着。

"我一年级的时候还不如他呢，不一样考上了大学嘛！"爸爸笑着说。

"唉，没准啊，就是你小时候那么笨，现在遗传给了孩子，孩子才这么笨的。"妈妈像想起了什么似的，恍然大悟般说道。

"胡说，怎么会是我遗传的呢！这孩子的智力虽然跟遗传有关系，但这不是关键啊，后天的培养才是最重要的。我们应该把重点放在孩子智力的培养上，帮孩子开发智力，教他好好学习，这才是提高智商的根本办法。"爸爸说道。

加利福尼亚大学的研究结果显示基因与智力的联系是百分之二十，其余的智力发展是变化的，根据个人的生活而改变和定型。特别的激励可以使智力得到提高。所以，要提高子女的智力，家长就要以后天的教育为重点。拿这些诺贝尔奖的"世袭得主"的例子来说，优良的基因确实起到了一定的作用，但是家庭的良好氛围和教育起到了关键作用。基因对孩子智力的影响只有百分之二十，其余都是后天教育、培养和发展的作用。一个人的成功和自己本身的努力是分不开的。所以家长要正确看待遗传与智力之间的关系，理性对待，把培养孩子智力的重点放在后天的教育上，在孩子成长的过程中提高孩子的智力。

智力测试结果不能完全体现孩子智商高低

要衡量一个人的智商高低其实是件挺难的事，因为智商是一个很抽象的东西。为了表示智商高低，于是就有了智力测试这样的衡量智商的方法。智

◎ 第一章 开发孩子智力的钥匙就握在家长的手中

力测验就是对智力的科学测试，它主要测验一个人的思维能力、学习能力、适应环境的能力，等等。智力的高低直接影响到一个人在社会上是否成功。智力的高低以智商IQ来表示，正常人的IQ在90到109之间；110到119是中上水平；120到139是优秀水平；140以上是非常优秀水平；而80到89是中下水平；70到79是临界状态水平；69以下是智力缺陷。一般来说，智商比较高的人，学习能力比较强，但这两者之间不一定完全是正相关关系。

这种测试一般是设计出一套问题让测试者作答，然后算出得分，从而确定测试者的智力高低水平。智力测试通常由三部分内容组成：语言、数字和图像。但是，智力的全部内涵要远远超出这几项，它包括记忆力、敏感性、逻辑推理能力、分析归纳能力、观察力，等等。哈佛大学一位教授认为，人有音乐、语言、空间、数学、运动、个人心理调节、人际关系等7种智能，目前的智力测试是不可能全部测试出来的。因此智力测试的结果并不能完全体现孩子的智商水平高低，仅仅是一个参考值，家长不必过分迷信测试结果。

测试结果所显示的内容并不能完全说明孩子的智力情况。测试结果中的IQ分数反映的是受试者学了什么，学习能力的高低与智力有关，但这里测验的并不是智力本身。此外，智力测试是在固定条件下对智力的估计，测试的方法虽然比较客观，但不能对孩子认知功能过程做深入了解，所以并不能将这些结果视为坚定不移、绝对权威的。其实人的智力情况是随着时间和地点的改变而有所不同的。人的大脑也处在不断发育的过程，智力也是在增长和改变之中，同时随着社会经验的丰富，孩子的智力也会有所提高，因此家长不要把一次智力测试的结果作为对孩子智力的定性考量。

"同学们，今天下午我们要参加一个智力测试，就是做一些题目，大家放心，这些题目都是很简单的，而且这种智力测试的结果也只是一种参考，大家不必以此来定性自己的智商。所以呢，希望大家以一个正确的心态来对待,好好参加这个智力测试,但不要有心理压力。"为了下午的智力测试,班主任还特地给大家开了一个"动员会"。

听到要参加智力测试,班上的同学们一下子就来了兴致。大家七嘴八舌地议论着:"我的智商肯定没问题""哈哈,你考试那么差劲,智商不会是负数吧?"

测试完之后,小彤心情并不怎么好地从教室出来了。"为什么呢?难道我真的很笨吗?"

"爸爸,你说我真的很笨吗?"小彤不甘心地去向爸爸"求助"。

"没有啊,谁说的?"爸爸笑着说。

"那为什么我的智力测试结果那么低,还不到中学生的平均水平,这难道不是我比别人笨吗?"

"哦?你们做智力测试了?"

"嗯,今天下午做的。我很认真地做了,但是分数不高,这不就是说明我很笨吗?"小彤委屈地说。"那些题目也不难啊,我觉得我会做,但是……"

"没关系,智力测试的结果并不能完全代表智力水平的高低。你看一个人的智力包括非常多的因素,像记忆力、分析判断能力,还有敏感性等都是智力的体现,但是你今天做的智力测验并不能完全包括,而有些能力不是这样的测试能体现的。智力测试说到底也就是做题而已,就像你们的测试,并不能完全体现出一个人的学习水平是一样的道理。而且这样的测试受到的干扰比较大。这就和你做题时候的心态、环境等有关了。"

"真的吗?那我就不一定比别人笨了?"听了爸爸的话,小彤就像看到希望似的。

"当然了,怎么会笨呢?你现在还小,人的智力随着年龄和学问的

◎ 第一章　开发孩子智力的钥匙就握在家长的手中

增长也会增长的，智力的开发是一个漫长而且持久的过程，所以，你不能一次定性智力水平的高低，更不能凭一个智力测试就断定自己智力低下了。你要好好学习，这样，一定会越来越聪明的！"

案例中的父亲在面对孩子因为智力测试的分数而怀疑自己智力低下时，给了孩子一个比较好的解释，打消了孩子的疑惑，帮助他正确认识智力测试的结果，最后，回到一个很重要的主题上来：继续学习，好好学习，这是提高智力的根本方法，也是最重要的方法。

智力的开发不是短时间就能完成的，这是一个持久而且漫长的过程，需要通过不断的努力才能做好，所以，学习的过程就是提高智力的过程。一般来说，人的先天智力水平是没有太大差异的，每个人都拥有与生俱来的聪明才智。古语有云："性相近，习相远"，所以，导致智力水平差异的最大最直接的原因就是后天的学习。因此，要想不断提高孩子的智力水平，就要通过坚持不懈的学习。在生物遗传与进化理论中有个说法叫作"用进废退"，意思是说人的器官经常使用就会进化，如果经常不使用的话就会像搁置废弃的零件一样会生锈，会退化。大脑也是如此。所以要想提高智力就要经常使用大脑，充分开发大脑的潜能，这样才能拥有高智商。

第二章
提升孩子的注意力，家长这样做才有效

◎ 第二章 提升孩子的注意力，家长这样做才有效

孩子专心做事时，家长不要打扰

张林特别想学滑旱冰，于是周末他和妈妈一起来到了旱冰场。

穿上旱冰鞋之后，张林在旱冰老师的搀扶下准备站起来，但是一个趔趄，张林险些摔倒。

这时站在一旁的妈妈赶紧扶着张林并急切地问道："怎么样？有没有伤到？"

"没事，没事。"

张林推开妈妈的手，小心翼翼地站起来，刚要往前走，妈妈就叫住他嘱咐道："小心点儿，慢点儿。"

张林每前进一步，妈妈都要和他说好多话。

"重心放在左脚上，慢慢前移。"

"张林，别滑得太快。"

"张林，别往那边去。"

没过多久，张林就滑到门口，把旱冰鞋脱了还给了旱冰场。

妈妈很困惑，明明是张林要来学滑旱冰的，怎么学到一半就不学了。

"你能不能别老跟着我，脚在我的腿上长着，我知道怎么滑，你能不能别老打断我。"

张林气冲冲地跑回家，一推开门就对爸爸大声嚷嚷道"滑旱冰一点也不好玩儿，我再也不学滑旱冰了。"

妈妈担心张林摔跤，在他学习滑旱冰的时候一直紧跟在张林左右，一方面保护他，另一方面可以给他做一些指导，不想这却招来了张林的责怪。张林总是受到妈妈的干扰，不能好好地练习滑旱冰，导致他心情烦闷。一气之下，张林把旱冰鞋给还了回去，又向爸爸发了一通脾气，并且说以后不再学习滑旱冰。

当张林不小心打了个趔趄的时候，妈妈的反应明显有些紧张过度，但此时并没有引起张林的反感，这是因为张林对滑旱冰有很大的兴趣。兴趣使张林顾不上周围的干扰，一心一意只想着学习。第一次张林推开妈妈的手就说明他不想让妈妈过多地干预他的学习，他只想自己一个人摸索滑旱冰的技巧。但是由于害怕孩子出现危险，妈妈一直跟在张林身边，这导致张林失去了自己探索的自由。每当张林准备全神贯注地走下一步的时候，妈妈都会叫住他，这分散了张林的注意力，也让张林越来越觉得滑旱冰没意思。如果妈妈不和张林一起进入旱冰场，只是在一旁静静地观看，给孩子一个自由发挥的空间，让张林自己在摸索中学习，或许张林就能在这半天的时间内学会滑旱冰，至少也不会对滑旱冰失去兴趣。

当孩子处在自由的环境下做自己喜欢的事时，是不希望被打扰的。一旦孩子的注意力受到干扰，就有可能半途而废，严重的还会对所做的事失去兴趣。还有的孩子在注意力受到干扰的时候喜欢发脾气，摔东西、抱怨他人，这会让孩子养成不良的性格，孩子会变得以自我为中心、自私、贪婪。除此之外，这类孩子通常做事不够专注，不仅不能高质量地做完一件事，还经常有始无终。而且，他们喜欢推卸责任，当出现问题的时候，从来不认为是自己的过错，总喜欢拿外界干扰因素当借口。

反之，如果孩子能专心致志地完成他想做的事，不仅能让他收获成功，还能增强他的自信心，这有利于培养孩子广泛的兴趣。而且，孩子还会变得更加勇敢，更愿意接受新的挑战。如果孩子能养成专注的习惯，将会在未来的人生中受益匪浅，但是孩子的成长环境总是充满了各种各样的干扰，其中很多干扰来源于家长。所以家长应该控制好自己的情绪，扮演好旁观者的角色，当孩子需要帮助的时候再出现。关于如何培养孩子专注的性格，以下建议供家长参考。

1.专门给孩子准备一个房间或角落

很多时候孩子的注意力会被周围的环境所打断，比如不经意间碰到桌子、打碎茶杯等。这往往会打断孩子正在做的事，使其不能全身心地投入。针对这种情况，家长可以给孩子准备一个专门的房间或角落供其娱乐或者学习。

在这里，家长可以教孩子把玩具分门别类放好，方便孩子选择，在一边给孩子放上画画用的小桌子、小凳子等。除此之外，家长还可以在地上铺上地毯或者其他的塑料板砖，给孩子布置一个专门坐下来玩儿的区域。这样，孩子既可以在上边玩耍，又可以在上边休息。如果房间足够大的话，家长还可以给孩子搭建一个玩儿积木的专区，把积木都统一放在里面。这样既可以保证孩子在玩儿的时候不被干扰，又可以防止孩子把积木弄丢。

安排好这些之后，家长就可以关上门让孩子自己在房间里尽情玩耍。这个房间是属于孩子自己的房间，家长在孩子进去之后不要随意进入，让孩子自己自由支配里面的一切事物，即使孩子把里面搞得一团乱，家长也不要对孩子发脾气。

这样一个独立的空间可以让孩子充分享受自由，能保证孩子的注意力不被分散，同时也给孩子提供了一个发展独立思考能力的机会。

2.及时帮孩子清除干扰

孩子在学习的时候需要专心致志，家长可以利用这段时间来锻炼孩子的专注力。

让孩子回到家后能专心学习。首先，家长要克制好自己，不要给孩子制造干扰。孩子回到家后不要立即让孩子去做家务，可以先询问孩子的作业状况，然后让孩子进屋把门关上写作业。孩子在专心做一件事的时候，家长不要大声说话。不要对孩子太苛刻，一件事情对孩子说一遍就可以了，不要反反复复地对孩子提起。

家长应该帮助孩子清除或移走身边容易造成干扰的事物，保证孩子在某段时间内看到的、想到的只有一件事。比如，当孩子准备看书的时候，家长可以在孩子从书架上找书的时候帮孩子把桌上的其他东西收拾走，这样孩子就不会被茶杯、花瓶之类的东西所吸引了。再如，当孩子玩儿拼图的时候，家长应该把其他诸如飞机模型之类的玩具都拿开，这样孩子就能把全部注意力都放在拼图上。总之，家长要给孩子创造一个不被打扰的环境，这样才能有效地锻炼孩子的专注力。

3. 让孩子自己做好一件事

很多家长总爱过多地掺和孩子的事情，其实这样并不好，这不仅会让孩子丧失自主能力，还会使得孩子做事不够专注。针对这种情况，家长除了不主动参与孩子的事情之外，还可以教给孩子一些事情，让孩子从中得到历练。比如，家长可以让孩子自己去买一次鸡蛋、玩儿一次拼图、画一张水彩画，等等。

在把任务交给孩子之前，家长应该让孩子懂得做这件事的目的，以引起孩子的兴趣。在完成任务的过程中，家长要让孩子集中注意力、及时反思、积极思考。当孩子出现"走神儿"的时候可以给孩子一些暗示，告诉孩子不能半途而废。当孩子遇到困难的时候，家长要教育孩子勇于面对困难并克服困难，这样孩子就不会被困难分散注意力。任务完成之后，家长要及时对孩子进行鼓励和表扬，这样孩子就会感到快乐和满足。

◎ 第二章 提升孩子的注意力，家长这样做才有效

"收心期"，让孩子能更专心地去做事

一回到家，王佳就迫不及待地打开电视收看她喜欢的节目，还把声音开得很大。

妈妈听到后就从房间出来了，说道："把电视关了，赶紧写作业去。"

王佳很不舍地关掉电视，从书包里掏出作业放在桌子上。

王佳手里拿着笔，却没有一点心思写作业，一直在纸上乱涂乱画。

过了好久，王佳突然坐直身子，重新拿好笔开始专心致志地写作业。

王佳写得非常认真，可是不一会儿妈妈又叫她："佳佳，去买袋盐。"

王佳接过钱飞快地向超市跑去。

回来后，王佳怎么也无法踏实下来继续写作业，磨蹭了好久，刚准备提笔，妈妈又叫她吃饭。

最终，王佳没能认真地完成作业。

王佳刚开始不写作业，是因为她的注意力都被电视吸引了。王佳刚回到家就打开电视的做法是不对的，幸亏妈妈及时制止了她的行为。孩子放学刚回到家的时候脑子还是一片空白，还没有被其他的事物所占据，这个时候让孩子写作业，会使其更加专心。王佳过了好久才开始专心致志地写作业，是

因为在这段时间内她一直与诱惑抗争，最终她战胜了诱惑，注意力成功地转移到作业上。这个时候的王佳已经顺利地度过了"收心期"，所以她在写作业的时候会很专注。但是妈妈让王佳去买盐，再一次打断了她的注意力。买盐回来后，王佳没有办法再一次顺利地度过"收心期"，一路上的事物让她不能重新集中自己的注意力。

所谓"收心期"，就是指孩子在受到外界的干扰之后，要经历一段时间的过渡，才能专心致志地做另一件事情。"收心期"对孩子来说是一个很重要的考验。在这期间，孩子要战胜周围事物的干扰或者脑海里其他杂念的诱惑，要做到不再想不相干的事物，把它们彻底从脑海里清除。这段时间还要求孩子集中注意力，把所有心思都放在接下来要做的事情上。如果孩子能顺利地度过"收心期"，就能全神贯注地做好一件事，并从中收获成功的经验。当再次遇到这种情况的时候，孩子就能很快地战胜诱惑。久而久之，孩子会变得更加坚定，遇到困难会勇敢面对，做事不会有始无终。

反之，家长如果在孩子经历"收心期"的时候打扰孩子，就会让孩子变得意志力不坚定，易被外界干扰因素诱惑。不能顺利度过"收心期"，将会使孩子在做事的时候三心二意，常常丢三落四。这类孩子在生活中独立性较差、目标不坚定、容易上当受骗、喜欢占小便宜。在学习中，这样的孩子往往不会取得好成绩，因为当别人对抗诱惑埋头苦读的时候，他们常常经受不住周围事物的诱惑，心思全放在其他的事物上。为了孩子的长足发展，家长要帮助孩子战胜诱惑，专心致志地做事。关于如何帮助孩子顺利地度过"收心期"，以下建议供家长参考。

1.帮助孩子排除干扰

孩子在"收心期"经常受到外界因素的干扰，家长要帮助孩子排除干扰。

首先，家长要帮助孩子排除环境带来的干扰。孩子的房间不需要太华丽，否则不利于孩子冷静，屋内的窗帘、桌布以及其他的装饰和家具最好保持一个色调。书架上、床上不要放太多的玩具及其他的装饰品。孩子学习室的书桌上不要放太多东西，越简单越好。其次，家长要帮孩子清除其他人给孩子带来的干扰，不要让孩子拿着手机写作业，当有小朋友来找孩子玩耍时要婉言拒绝，不要惊动孩子。最后，家长要帮助孩子克服自身障碍，让其养成良好的饮食习惯，这样孩子就不会在做事中途抵制不住食物的诱惑。家长也不要经常纵容孩子看电视、玩儿游戏，以免孩子对此上瘾。排除了这些因素，孩子在"收心期"就能更好地管理自己。

2.教育完孩子之后不要再去打扰孩子

很多孩子一回到家就抵制不住娱乐的诱惑，在写作业之前总要玩儿会儿电脑或者看会儿电视，等到家长批评之后才去写作业。家长的这种做法是对孩子的一种警醒，有利于孩子明辨是非，知道孰轻孰重。

但是很多家长在批评完孩子之后总喜欢唠叨个不停，让孩子无法静下心来学习。还有一些家长会在批评完之后，时不时地冒出一句话以表达对孩子的不满，看似是对孩子的教育，实际上却对孩子形成了一种不间断的干扰。家长批评完孩子之后，对孩子来说将会有一个过渡时期，这个时期孩子会渐渐地自己沉淀下来，从刚才的心情中走出来，待自己冷静之后思绪回到作业上。

在孩子受过批评之后，家长要给孩子一定的空间和时间，不要对孩子的行为再做出任何的评价。除此之外，家长还应该尽量避免对孩子造成不必要的干扰，比如，大声说话、进出孩子的房间、敲打东西等，要给孩子创造一个安静的环境。

3.从心理上帮助孩子收心

孩子的很多行为都会受心理素质的影响，一个自主、自信的孩子一定不会被一次批评打败。这就需要家长平时多注意锻炼孩子的心理素质。

首先，家长要帮助孩子树立自信心，平时要多肯定孩子的做法。此外，家长也可以通过暗示等方式让孩子发现自己的优势，这样孩子在偶尔受到批评的时候就不会感到自卑。其次，家长要培养孩子的独立意识，做到有主见，学会控制自己的情绪。这样孩子在遇到挫折的时候就会从多个角度考虑问题，从而使自己平静下来。最后，家长要让孩子有一个良好的心态。不管遇到什么事情，孩子不可以使自己情绪失控，要尽快调整好自己的情绪。这样孩子在"收心期"内就能更好地适应新状态。孩子的适应能力越强，相应地，他的"收心期"也就越短。

让孩子学会分清主次，一次只做一件事

王瑶很小的时候就被妈妈送到少年宫去学习绘画，每周她都会先画完画然后再去写作业。

但是这周老师布置了很多作业，因为下周五就要考试了。

回到家后，王瑶自己也很矛盾，她不知道自己该先做什么，一方面少年宫要求每周都要画画儿，另一方面自己又面临着这么多的作业和复习任务。

慌乱中她把画册和作业都摆在了桌子上。

王瑶一边画着画一边眼睛又不停地看作业，结果把水彩弄得满桌都是。

于是王瑶又开始写作业，可她心里总放不下画画儿。

整个周末王瑶都是在纠结中度过的。

◎ 第二章 提升孩子的注意力，家长这样做才有效

结果王瑶不仅作业没做完，连画儿也没交上，考试成绩也不是太理想。

临近考试，老师布置了很多作业，但是王瑶还要练习画画儿，这致使她陷入了两难的境地，她也不知道究竟该做什么。在画画儿的时候王瑶会想到作业还没写，在写作业的时候她又会想到自己还没画画儿，结果两样任务都没有完成，还导致她考试成绩不理想。

一开始王瑶处在矛盾之中是因为她不知道作业和画画儿到底哪一样重要，一方面王瑶面临着考试的压力，另一方面她又有画画儿任务。王瑶把画册和作业都摆在桌子上是一种错误的做法，这会导致她在做其中一件事的时候容易受到另一件事的干扰。正是由于王瑶分不清主次，在矛盾出现的时候没有做好选择，才导致自己荒废了整个周末，结果不仅什么都没做成，还影响了考试。如果王瑶在面对作业和画画儿时，能根据具体情况做好分析，弄明白孰轻孰重，做出最佳的选择，就能全神贯注地完成每一件事。

在生活中，孩子总会遇到很多事挤在一起的情况，这时就需要孩子能够分清主次，这样孩子就能全身心地投入一件事，然后再认真地去做其他的事。这样做会使孩子节省很多时间，孩子在多种选择之中矛盾、纠结的时候会浪费很多时间，如果孩子没有做好选择，一直难以集中注意力去做一件事，就会浪费大量的时间。除此之外，家长教会孩子分清主次还能提升孩子明辨是非的能力，孩子在遇到事情的时候就能迅速抓住重点，明白哪些重要、哪些应该摒弃，孩子的决断能力也会得到提高，在遇到事情时孩子不会优柔寡断，而是果断处理。

反之，如果孩子在遇到类似王瑶的情况的时候左右徘徊就很难把两件事都做好。分不清主次，孩子就会觉得两件事都很重要，就会在做其中一件事的时候心里还放不下另一件事，这会导致孩子很难集中注意力认真地去做

事，而且他做事的效率和质量也会大打折扣。久而久之，孩子在做事情时就很难做到有始有终，因为不够专注，容易受到干扰，不能始终坚持做好一件事。这样，孩子就会降低对自己的信心，所以家长要帮助孩子改掉分不清主次的坏习惯。让孩子拥有自信，就应该教会孩子在遇到多重选择的时候分清轻重缓急，做出正确的选择。关于如何让孩子学会分清主次，以下建议供家长参考。

1. 避免让孩子同时做多件事情

一个人的精力是有限的，同时把精力分散在多件事情上不仅会降低孩子做事的效率，也容易导致孩子半途而废。因为孩子的注意力需要在几件事情之间来回切换，孩子的注意力和精力不能深入到一件事情当中，每件事情都是草草了事。所以家长应尽量避免孩子同时做多件事情。

家长要从小培养孩子的这种习惯，不管什么事情都要一件一件地做，不能三心二意。当孩子出现同时做多件事的情况时，家长一定要制止孩子的这种行为，不要让孩子养成不良的习惯。比如，当孩子一边吃饭一边看电视时，家长应该立即把电视关掉，不要纵容孩子一边写作业一边听音乐。还有一些时候，孩子会把一天的任务都推到晚上去做，比如整个周末一直在玩儿，直到周日晚上才开始写作业，一会儿写数学、一会儿写语文，结果弄得自己手忙脚乱。针对这种情况，家长可以教孩子做好计划表，对自己一天的时间安排做好计划，按照计划来学习、娱乐和休息。

2. 让孩子知道一次只做一件事的好处

一次只做一件事会在很大程度上提高孩子做事的效率和质量，也会让孩子更加轻松，但是孩子对此都不知道，只知道分几次完成一件事时思路会中断，所以家长要让孩子看到一次只做一件事的好处，孩子尝到甜头之后就会改变以前的习惯。

当孩子需要完成很多事情的时候，家长不妨让孩子把这些事情分列出来，按照主要和次要的程度排好顺序，一次完成一件，让孩子自己体会专注地做好一件事的感觉。孩子会觉得这样做比以前更加轻松，他就会继续这样做。家长也可以拿时间或者效率做比较，让孩子明白一次只做一件事的益处。除此之外家长也可以给孩子举一些例子，让孩子明白这些道理。比如，医生在抓药的时候不是把所有的瓶子都拧开之后，再去拿药，而是一次只拿一种药。从而让孩子明白一次做多件事会导致局面混乱，一次只做一件事的话，做事的条理会比较清楚。

3.教孩子学会分清主次

分清事情的轻重缓急，可以帮助孩子节约很多时间，可以让孩子对自己的生活做到合理规划。如果孩子回到家后第一件事就是打开电视或者电脑，就说明孩子没有做事分清主次的习惯。这样往往会导致孩子在睡觉之前应付性地把作业随便写一下，孩子本身并没有通过做作业巩固已学到的知识，反而养成了不好的习惯。主次不分，孩子就很难看清事物的本质，做事的时候往往会偏离主题。

为此，家长可以教孩子学会列表格。清单上可以囊括事情的截止时间、孩子对这件事情的喜欢程度、这件事情的重要程度等因素，孩子可以把一定时间内要做的所有事情都列在表格上，然后根据这几个指标分别对其打分，最后根据每件事情的得分情况依次排列，排在前面的就先去做，然后再去做其他的事情。除此之外，孩子也可以根据具体情况分配好每件事情所需的时间，这样就不会在最后阶段出现手忙脚乱的情况了。

培养孩子的自制力，不为外界事物干扰

一回到家，宋佳就把书摊在桌子上开始认真地写作业。

妈妈看见后觉得孩子很辛苦，就给孩子倒杯水送了过去。

"喝口水，歇会儿，一会儿再写也不晚。"

于是宋佳就很听话地端着水杯到一边休息去了。

过了一会儿，宋佳好不容易刚进入状态，妈妈端过来一杯牛奶。

宋佳写一会儿就要喝两口。

又过了一会儿，妈妈又从外面提回来一袋子水果。

妈妈把水果洗好之后，就又进了宋佳的房间，"水果我给你洗好了，在外面，想吃自己拿。"

宋佳实在是写不下去了，就到客厅里把电视打开，一边吃水果，一边看电视。

第二天，宋佳因为作业没按时完成被老师批评了。

宋佳回到家后准备认认真真地写作业，却不断地被妈妈打断。最开始妈妈觉得宋佳很辛苦，就给她送水，而这实际上已经打断了宋佳。随后妈妈又给宋佳送牛奶、让她出来吃水果，这些无疑又给宋佳造成了干扰。终于宋佳无法专注于学习，喝了牛奶、吃了水果，最后连电视的诱惑都没抵制住。结果没有完成作业，被老师批评了。

宋佳回到家后没有直接打开电视，说明她还是有一定的自制力的。妈妈

◎ 第二章　提升孩子的注意力，家长这样做才有效

是出于一片好意给宋佳端水、送牛奶、买水果，但是这个时候的宋佳正在写作业，妈妈这么做干扰了宋佳的学习，让她难以集中注意力。妈妈每干扰孩子一次，都会让孩子的注意力被打断一次，这样孩子在喝完水或者吃完水果后还要再重新集中她的注意力。孩子被打扰的次数多了，就很难再有决心投入到学习中，于是她干脆把电视打开，做自己想做的事。当然责任主要还是在于孩子自己，她的自制力有待提高。如果意志力足够坚定，她就不会被妈妈送进来的东西所吸引。关键还是在于孩子的内心不够强大，缺乏自制力。

如果孩子在做事的时候总是抱怨周围的干扰因素太多，就说明孩子的自制力太差。自制力差的孩子做事总是三心二意，因为他们禁不住其他事物的吸引。孩子在做事的时候被其他事物转移了注意力，自然就不会很认真，做事就会马马虎虎、丢三落四。这样的孩子做事总是虎头蛇尾，起初信心十足，后来就会因为自制力差而荒废了之前所做的事情。自制力差还会对孩子的性格形成一定的影响，孩子做事就很难成功，这样孩子就会失信于人，长此以往，还会导致孩子失去自信，甚至做出背信弃义的事情。

反之，如果孩子的自制力足够强，就能全身心地投入到自己所做的事情当中，也就不会完不成任务。这类孩子做事比较专注，自然地做事的效率就比较高，而且质量也很高。孩子自制力强，不会轻易动摇自己的信念，目标比较坚定，不怕吃苦、不怕困难。这样的孩子责任感比较强，对自己负责，对他人守信。如果家长想要孩子成为一个诚实守信、坚定不移的人就应该提高他的自制力，使其不被外界事物所干扰。关于如何提高孩子的抵抗力，以下建议供家长参考。

1.教孩子学会对比

孩子容易被其他事物吸引，很多时候都是因为缺乏动机。当孩子长时间从事一件事，不知道结果会是什么样的时候，他就会渐渐地失去对此的热情。相反，如果孩子能有意识地拿结果来激励自己，就可以战胜其他吸引，

坚持下去。这就需要家长对孩子做出适当的引导，让孩子通过对比结果，明白其中的道理，从而能够坚持下去。

当孩子心烦意乱，不能静下心来写作业的时候，家长不要急着批评孩子。首先，家长要让孩子冷静下来。其次，家长可以陪孩子一起花一些时间分析一下专心致志和吊儿郎当的结果，这将会对孩子形成一种激励。比如，专心致志地写作业不仅可以节省时间，还能提高作业的质量。巩固所学的知识。因为在孩子全神贯注地写作业的这段时间内，孩子的大脑只接受一种刺激，心中没有其他杂念，效率就比较高。家长还可以和孩子一起分析，如果只图眼前的快乐，将来会遭受什么样的痛苦，从而培养孩子强大的自制力。

2.养成良好的习惯

孩子的很多行为都受习惯的影响，当孩子持续做一件事的时候，他的心智就会受到潜移默化的影响。如果孩子经常做一些需要全神贯注的事情，他的自制力就会随之得到提高。

家长可以每天在固定的时间给孩子制定一些任务，规定孩子在执行任务的过程中不准做其他的事。为了提高孩子抵御诱惑的能力，家长可以给孩子设定一个时限，时间不要太长，够孩子完成任务就可以。随着时间的推移，家长可以适当地减少时间，这样孩子就会紧张起来。最后，家长要对孩子的成果进行验收，激励孩子再接再厉。

当然，家长一定要有耐心，关键的是要让孩子形成一种习惯。所以家长不能"三天打鱼，两天晒网"，贵在坚持，给孩子做好榜样。

比如，家长可以让孩子每天晚上花半个小时的时间背30个单词，并且每天对孩子的背诵情况进行检查。如果孩子做得好就对其进行表扬，如果孩子有所懈怠，家长要鼓励孩子坚持下去。

3.通过自我暗示抵制外界诱惑

孩子抵制不住诱惑主要是由于意识薄弱、自制力不强，当孩子出现心烦意乱、无法专注开始走神儿的时候，家长可以教孩子一些自我暗示的方法以便孩子恢复状态。

比如，当孩子在听课过程中感觉自己走神儿的时候，可以先闭上眼睛，然后进行一次深呼吸，再有意识地忘掉自己刚才所想的事物，暗示自己立即进入听课状态。当然，这需要家长平时在家多对孩子进行类似的训练。在初期，家长可以适当地给孩子制造一些物质上的暗示，比如，在孩子的书桌上贴上一些便利贴，在孩子走神儿的时候提醒他集中注意力，也可以在孩子的房间里挂一些名人的话激励孩子专心学习。随后家长可以教孩子一些自我暗示的方法，比如当孩子想要玩儿电脑的时候，家长可以让孩子想象对游戏痴狂的那些人的下场，这样孩子就会对游戏产生恐惧感，从而重新回到正在做的事情上。

表扬和批评并用，提高孩子的注意力

一回到家，田甜就开始玩儿电脑，妈妈看到后就批评了田甜，让她赶紧去做作业。

田甜赶紧把电脑关掉，一声不吭地回到书桌旁，唯唯诺诺地把作业本掏出来开始写作业。

刚写一会儿，田甜就遇到一个难题，怎么算都算不出来，田甜咬着笔杆对着草稿纸发呆。

这时正好被妈妈看到，妈妈以为她不专心写作业，还惦记着玩儿电脑。

于是妈妈快步走过去,"你能不能专心点儿,让你写个作业有那么难吗?别走神儿了,赶紧写吧!"

田甜赶紧低下头,开始拼命地计算,可是还是计算不出来,最后她把这一题给隔过去了。

又过了一会儿,田甜又遇到一道不会做的题,她用手支着脑袋在想解题办法。

结果被妈妈看到,妈妈又教训了田甜一番。

田甜很委屈,眼泪直在眼眶里打转。

田甜写着写着脑海里总会闪现妈妈冲进来骂她的画面,最后她实在写不下去了。

第二天,田甜因为没交作业被老师批评了一顿。

一回到家田甜就因为玩儿电脑而被妈妈批评,导致田甜很害怕妈妈。之后妈妈看到田甜发呆就以为她在偷懒,其实田甜是在思考题目。妈妈不分青红皂白对田甜就是一顿责骂,让田甜接二连三地受到打击和打扰,导致她没有心思再继续写下去。最终田甜因为没有写完作业而被老师批评了一顿。

田甜最终没有心思写作业,关键在于妈妈对她太严厉。孩子上了一天的课刚回到家,很想让自己放松一下,所以田甜选择玩儿会游戏,而妈妈的反应过于激烈。如果妈妈选择对孩子进行说服教育,让孩子明白哪是主哪是次,相信田甜就不会对妈妈产生恐惧感。妈妈之后对田甜的几次批评实则是基于对孩子的误会,这不仅伤害了孩子的自尊心,也是对孩子的一种打扰,更重要的是妈妈不断的批评在孩子心里形成了阴影,使得孩子无法集中注意力再继续学下去。反之,如果妈妈选择相信孩子,给孩子充分的肯定,田甜也不至于没有心思写作业。

表扬和批评都是教育的手段,但是如果只选其一不仅会显得太单调,还会对孩子的成长形成一定的影响。如果家长都像田甜的妈妈一样只会对孩子进行批评和惩罚将会导致孩子越来越惧怕家长，越来越难以专注地去做一件事。因为家长过度的批评会对孩子的心灵造成伤害，孩子在做事的时候脑子中会不断闪现家长对自己不满的画面，越想孩子越觉得伤心，就难以集中注意力继续做事。久而久之，孩子会变得胆小怕事，不敢肯定自己。如果家长只知道一味地表扬甚至经常奖励孩子，会让孩子产生骄傲心理，次数多了孩子会迷失自我，分不清哪是对的哪是错的。这类孩子的心理承受能力也比较脆弱，因为在家里长期听到的都是家长对自己的肯定和表扬，在学校也渴望听到别人对自己的夸赞，听不得别人一丁点儿的批评。

反之，如果家长对孩子表扬和批评并用，就会收到不一样的效果。适当的表扬是对孩子的肯定，让孩子明白什么是对的。这样做一方面有利于让孩子明辨是非，另一方面可以增强孩子的自信心。适当的批评是对孩子的一种警醒，有利于孩子吸取教训，谨记教诲。两者的结合既不会使孩子骄傲自大，也不会令孩子产生自卑心理。进行适当的表扬和批评，有助于提高孩子明辨是非的能力。所以为了提高孩子的注意力，就要表扬和批评双管齐下。关于如何通过鼓励和批评相结合来提高孩子的注意力，以下建议供家长参考。

1. 对孩子进行适当的批评

很多家长对孩子进行批评的方式、时间、原则等方面都存在问题，导致孩子对家长的批评产生反感。

首先，家长不要害怕孩子做事不专注，孩子做事不专注是很正常的现象。不经过学习孩子就不会懂得怎样做才能更专注，也不可能真正地成长，所以家长不要竭尽全力阻止孩子犯错误，犯错误是孩子成长的必修课，可以取得人生经验。其次，家长在对孩子进行批评时要讲究一定的艺术，要做到"对事不对人"，批评孩子时不要翻旧账，不要伤害孩子的自尊。如果家长只是针对孩子的行为进行批评，孩子就会正确地看待自己的错误，不添加任何其他的个人情绪。但是如果孩子的人格遭到攻击，他就会本能地产生抵触心理，觉得委屈、不服、甚至对家长产生怨恨。最后，在对孩子进行批评时，一定要注意一定的原则。第一，不要在人多的时候对孩子进行责罚，否则会伤及孩子的自尊。第二，批评的力度要适当，不要对孩子进行体罚。对孩子进行批评的时候，言语不要过激，而是就事论事。第三，家长不要把自己的情绪强加在孩子身上。"己所不欲，勿施于人"，家长不要在自己心情不好的时候对孩子进行批评。

2.对孩子进行恰当的表扬

很多家长认为孩子专心致志地做事情是应该的，不需要什么鼓励。其实这种想法是错误的。很多事情孩子并不喜欢去做，但是基于各种原因他们只能强迫自己竭尽全力去做，这个时候，他们很需要得到家长的肯定。

表扬多为语言，在孩子做得出色时，也可以给予物质奖励。家长最擅长的是物质奖励，但是孩子最需要的是精神鼓励，所以家长要多对孩子进行精神鼓励。赞赏就是一种鼓励，在对孩子进行赞赏时家长要把握一些原则。首先，对孩子的夸赞一定要发自内心，这样才能让孩子感觉到家长的诚意。其次，家长在夸赞孩子时，不要给孩子乱戴高帽，否则孩子会盲目自满、骄傲，一定要让孩子知道自己为什么受到表扬。最后，表扬一定要及时，孩子在成功地做完一件事的时候心情是最激动的，这个时候的表扬会对孩子产生很大的激励作用。

家长在对孩子进行物质奖励时，可以等到孩子自己先提出要求，然后再共同决定。

3.表扬和批评有机结合

家长在对孩子的表现进行表态时，一定要实事求是，该批评的时候就要批评，该表扬的时候不要总挑孩子的毛病。无论是表扬还是批评，都要及时

◎ 第二章 提升孩子的注意力，家长这样做才有效

做出。此外，家长还应注意对孩子进行适当奖励，尽量少对孩子进行惩罚，但是该惩罚的时候一定不要对孩子放纵。只要孩子有了良好的表现，家长就应该予以表扬，这样孩子的良好行为就会得到强化。此外，家长不要随意批评孩子，多对孩子进行说服教育。如果孩子的确犯了一些不可饶恕的错误，家长一定要对孩子进行惩罚，但是惩罚的时候必须掌握一定的尺度，尽量不要体罚。

第三章
提高孩子观察力，家长这样做效果更明显

◎ 第三章　提高孩子观察力，家长这样做效果更明显

从激发孩子好奇心入手，培养孩子的观察力

在炎热的盛夏，爸爸买来了乐乐最喜欢吃的西瓜。

十岁的乐乐开学就上四年级了，从小他就是个爱动爱问，充满了好奇心的孩子。这不，捧着西瓜的乐乐又发问了："爸爸，我们自然课老师上课说过，水果都是由种子生长起来的，那西瓜的种子是什么啊？"

"就是西瓜瓤中黑色的瓜子啊！"爸爸笑着回答。

闻听此言，乐乐捏起一粒西瓜子，好奇地问："爸爸，那我把这'种子'种到土里是不是就能长出大西瓜来啊？"

爸爸想了想，对乐乐说："乐乐，你把瓜子剥开来看看。"

乐乐依言剥开了瓜子："哇，里面是白色的！"

爸爸指导着乐乐观察着这嫩嫩的种子："乐乐你看，这黑色的壳就是种子的皮，它可以保护种子；这可以分成两半的乳白色的东西就是种子萌发时最初的营养来源，叫作胚；上面这个小小的尖就是会长大成植物的胚芽。"

讲解完后，爸爸认真地看着乐乐说："这些是一粒种子萌发必不可少的部分，这粒种子虽然组成部分都健全，但是太嫩，芽还太小，是不成熟的。就像你，还需要上学吸取养分，还不能像爸爸一样上班养家。所以，乐乐你回答爸爸，这样一粒不成熟的种子能不能长成一个大西瓜呢？"

乐乐认真地点点头："我明白了，不能。因为不成熟的种子是长不出大西瓜来的！"

好奇心会让一个人在面对新奇事物或处于新的环境时，做出观察新事物，提出对新事物感到疑惑的地方，并主动验证疑惑的地方的行为。每个人都是有好奇心的，纯真的孩子的好奇心尤为旺盛。就像故事中的乐乐，在了解到西瓜子就是西瓜的种子时，就会好奇自己平时吃的西瓜子能否长成大西瓜。

对于孩子来说，拥有强烈的好奇心并不是坏事，因为激发孩子的好奇心对培养孩子的观察力非常重要。

首先，强烈的好奇心是孩子观察事物的动力。如果孩子具有强烈的好奇心，就会成为他探寻事物的动力，让孩子持续而有耐心地观察事物。比如，街上有做爆米花或者吹糖人的商贩时，总会有一群孩子痴痴地围在周围，家长怎么呼唤都不愿离去。如果孩子在观察事物时，能做到有耐心地进行持续性的观察，那么就会观察到很多短时间无法观察到的东西，这对提升孩子的观察力很有帮助。

其次，好奇心会促使孩子对好奇的事物进行模仿。如果孩子拥有强烈的好奇心，则会在日常生活中主动或不自觉地模仿观察到的有趣的事物和行为。为了能够更细致，更到位地进行模仿，孩子就会更仔细地观察周围的事物和人们的行为，而且在模仿中，孩子还可以观察到自己的模仿与真实情况的差别。这些都能让孩子的观察力得到提升。

所以说，如果家长希望孩子能拥有卓越的观察力，那么培养孩子的好奇心则是必不可少的一步。家长应如何激发孩子的好奇心，进而提高孩子的观察力呢？有以下几点建议供家长参考。

1. 家长要多问孩子"为什么"

在孩子面对一种现象时，家长可以反过来问孩子为什么会有这种现象。也就是说，提出问题，让孩子主动观察思考。这种方法可以极大地激起孩子对新鲜事物的好奇心，是培养孩子好奇意识的非常有效的方法。

◎ 第三章 提高孩子观察力，家长这样做效果更明显

比如，看到飞机，家长可以问孩子"为什么飞机能够飞上天"。看到镜子，家长可以问孩子"镜子为什么能照出人的影像"。在家长不断问"为什么"的引导下，孩子在遇到新事物时，就能下意识地问自己"为什么"，从而能培养出孩子的好奇意识和观察思考的习惯。

2．耐心对待孩子的好奇行为

拥有旺盛好奇心的孩子都喜欢看、喜欢提问，甚至会按照自己的想法做出一些家长难以理解的行为。此时家长要耐心地对待孩子的问题和行为，而不应该敷衍孩子的提问，阻止孩子的行为，压制孩子的好奇心，这对孩子的成长非常不利。

当孩子提出的问题过于幼稚时，家长不应该对孩子的问题不屑一顾。小学生尚未接受系统的自然科学教育，就可能提出一些像"花儿为什么是红的，叶子为什么是绿的"诸如此类的问题。家长在面对孩子很幼稚的问题时，应做到态度诚恳积极，要真诚地回答孩子的问题。

有些家长不允许孩子进行观察探索，是因为害怕孩子的探索行为会给他带来伤害。孩子在看到家长做饭后，可能对火或电产生浓厚的兴趣。家长担心如果孩子偷偷地生火或用电，则很可能造成伤害。所以有些家长就会禁止孩子因好奇而产生的探索行为。其实，只要家长做好安全防护措施，如在电插座上插入防护插头等，完全可以让孩子在安全的环境里进行积极的观察探索行为。

有时，家长知识储备不足，不能很好地满足孩子的好奇心。比如，孩子的有些提问家长可能只是略知一二，或没法用生动简练的语言为孩子解答疑问，就会用"我也不明白，别来烦我""这种事你以后上学自己学"等来打发孩子，这同样对孩子好奇心的激发没有好处。所以，在面对这种情况时，家长应该和孩子一起探索，寻找问题的答案。这样既能满足孩子的好奇心，还能丰富孩子甚至是家长的知识储备。

3. 用游戏激发孩子的好奇心

妈妈送了一套拼图给丽莉，作为她的十二岁生日礼物。拿到拼图，丽莉爱不释手，立刻着手开始拼图。刚开始玩儿时，丽莉总是拼错，不是拼错位置就是方向弄错，很长时间才能拼好一小块，可一起玩儿的哥哥却很快就能拼好。丽莉很好奇，怎样才能很快地拼好拼图呢？聪明的丽莉开始仔细观察哥哥的玩法，很快得出结论，哥哥会先把同色系的图块放在一起，这样就能缩小合适图片的寻找范围。于是，观察到窍门的丽莉也能很快拼好拼图了。

在案例中，丽莉的妈妈用了一种很有效的方法锻炼丽莉的观察力，即利用丽莉对游戏的好奇心和求胜心，吸引她主动观察拼图的方法，以此来锻炼孩子的观察力。

喜欢玩儿是孩子的天性。尤其是小学生，正处于精力十足、好奇心旺盛的年龄段。家长可以让孩子玩儿一些益智游戏，比如拼图，搭平衡积木，或者我国传统的益智游戏——九连环等。游戏中的一些特殊现象，以及玩游戏的求胜心理都会激发孩子的好奇心，吸引孩子去观察探索在游戏中获胜的诀窍，从而提高孩子的观察力。

在观察事物前，让孩子明确观察目标

四年级的皓皓是个活泼好动，对什么都有兴趣，却又有些小马虎的

◎ 第三章 提高孩子观察力，家长这样做效果更明显

男孩子。妈妈对他的性格很头疼，决定想办法培养他的观察力，提高他观察事物的敏锐度。

有一天，妈妈和皓皓商量："皓皓，我们来做个约定好不好？你随意找个感兴趣的事物，比如小草发芽，小猫成长，什么都行，根据它们的变化写几篇观察日记。然后妈妈就给你买你最喜欢的巧克力，好不好？"

皓皓觉得这件事很有意思，再加上还有巧克力的诱惑，于是很高兴地赞同了这个提议。

皓皓拿了本子和笔还有一个小板凳兴高采烈地出门了。他想观察花坛里开得正盛的月季，可又觉得无从下手，就决定观察在花丛中翩然飞舞的花蝴蝶。可在写下了色彩鲜艳，有一对花纹对称的翅膀后就没词了。因为他不知道该观察些什么。接着皓皓又迅速换了几个观察对象，可结果是他依然没观察出什么头绪。

懊恼的皓皓垂头丧气地回了家，难过地告诉了妈妈他面对的困境。妈妈思考了一下，对皓皓说："皓皓，你为什么会一直都没能观察出有意义的东西呢？妈妈觉得是因为你一直都没能确定一个观察目标。你在不停地换目标，也没有针对这个目标，具体地想过你该观察哪些方面。"

看皓皓露出不解的目光，妈妈接着说："妈妈建议你先明确一个观察目标，不要因为困难就轻言改变它。然后根据你定下的目标确定你要观察的具体方面。接下来按照你定下的各个方面去仔细观察。按照这个顺序，妈妈相信你一定能做好，一定能观察出很多东西来！"

听了妈妈的话，皓皓点点头，又欢快地抱着本子下楼了。

和案例中的皓皓一样，很多孩子都无法做到准确、具体地观察事物。出

现这种情况，很重要的原因就是孩子不能明确自己的观察目标。观察目标有两层含义，第一层是观察的具体事物，第二层是观察的目的。也就是说，孩子在观察的时候不能明确地针对一个目标来观察，也没有弄清自己为什么要观察一个事物，想要从中收获什么。所以，孩子无法做到准确地观察事物。对于孩子来说，在观察时确定观察目标是很重要的。

首先，明确的目标是推进观察的动力。只有明确了要观察的事物，也清楚了观察这一事物的目的，孩子才会带着目的观察。否则，在不确定目标、没有明确目的的情况下，孩子很难主动地进行之后的观察行为。

其次，明确观察目标，还有利于观察计划的制订。在明确了要观察的具体事物和观察的目的的情况下，家长可以教孩子围绕着这事物和目的做出观察的计划，让孩子学会围绕一个明确的点进行观察。比如针对一项事物，应当什么时候观察，用什么方法观察，观察些什么，等等。这能让孩子学会有重点、有条理、不遗漏地观察。如果不能明确观察目标，随意地变换目标，就会像皓皓一样在观察时感到迷惘，抓不住观察的重点，无法做到全面地、有针对性地、深入地观察。

最后，在观察时明确观察目标还能培养孩子观察时的责任心。明确的目标能让孩子产生"一定要完整地完成这个目标"的责任心，这份责任心会促使孩子更仔细、更持久地进行观察，促使孩子对自己的观察力提出更高要求，从而让孩子的观察力更上一层楼。

那么，家长应如何帮助孩子养成观察时明确目标的好习惯呢？有以下几点建议供家长参考。

1. 教孩子树立在观察前确定明确目标的意识

家长需要教孩子树立在观察前确定观察目标的意识，并要让孩子将这种意识变为习惯，只有这样，所有观察行为才能自然而顺利，才能行之有效。

家长应清楚地告诉孩子观察时不明确目标的坏处：会让孩子在观察时感

◎ 第三章 提高孩子观察力，家长这样做效果更明显

到迷惘，对要观察的事物无从下手，得出的观察结果不深入、不全面，还很可能不切题、不符合自己的目的，做无用功。

只有清楚地告诉孩子在观察时一定要确定观察目标，并让孩子知晓不明确目标的坏处，孩子才会加深印象，在观察时提醒自己避免出现偏差。

2. 多沟通，帮孩子分析目标

妈妈收拾好了家务，便下楼想看看皓皓观察的进程，只见皓皓认认真真地坐在花坛旁，努力地在小本子上记录着。看到皓皓停下笔，妈妈便递上一杯水，让皓皓休息片刻，并和皓皓聊起了他的观察，原来皓皓最终还是选择了月季花为观察对象。

在交流中，妈妈却发现皓皓观察的范围不只是月季花，还包括花坛里的其他花草，甚至还有花坛边闲聊的老人，便笑着对皓皓说："皓皓，你观察得很全面，值得鼓励！但是，皓皓，你本来确定的观察目标是月季花啊，可你实际观察的却是整个花坛以及周围的人，反过来对月季花的观察就不够深入了，所以你还是没有完全明确你的观察目标，需要继续加油哦！"

皓皓点点头，接受了妈妈的提醒。

孩子的年龄尚小，有时并不能特别清晰地确定目标，或容易在分析目标时出现偏差。比如案例中的皓皓，虽然能够定下一个目标去观察，但还无法准确地把握目标，这时就需要家长的指点。家长可以在孩子观察时，与孩子多沟通交流，帮助孩子确定目标，分析目标。在交流中，家长可以很容易地看出孩子是否有一个明确的目标，并能在孩子目标模糊或目标出现偏差时及时予以纠正。在家长的帮助下，孩子就会自然而然地养成在观察前明确目标，并不断围绕目标进行观察，使之更贴近观察目的的好习惯。

3. 教孩子在遇到困难时能够坚持

兰兰虽然是个女孩子，可是从小父母就不娇惯她，经常带她去操场锻炼，才上三年级的兰兰已经不用父母接送就可以自己上下学了。

这天，老师让大家写一篇记物短文，很多同学都不知道该描写什么物品，想到什么就描写什么，看别人写什么自己也想写，因为不能明确目标，写几句就写不下去了。只有兰兰，很快就确定了一个目标，并且坚持观察，很快就完成了作业，得到了老师的夸奖。

兰兰之所以能很快完成作业正是因为她有坚定的意志力，在同学们都遇到困难选择不断更换目标的时候，她能够坚持这个目标，没有选择逃避或放弃。

观察事物时，困难是常有的，意志力不坚定的孩子容易在困难中迷失目标，放弃目标。如果孩子没有坚定的意志力，则容易在遇到困难时选择退缩、动摇，甚至产生放弃的念头，不能很好地坚持自己所选择的目标。孩子一旦有了这种情绪，就会在之后的观察中遇到越来越多的困难。长此以往，会严重打击到孩子的信心，遇到困难便退缩会成为孩子的习惯。

所以，家长不能娇惯孩子，要适当培养孩子的毅力。有了顽强的意志力，孩子才能解决每一个在观察时遇到的困难，完美地达到观察的目标。

家长可以适当带孩子进行一些体育锻炼，因为体育锻炼可以磨炼孩子的意志，培养孩子不畏困难的品格，只有不娇气的孩子才能在遇到困难时显示出一定的毅力。

家长还可以培养孩子拥有一项兴趣爱好，并鼓励孩子坚持为这项爱好付出努力。对于兴趣爱好的持续性努力，同样可以很好地锻炼孩子的意志力。

◎ 第三章 提高孩子观察力，家长这样做效果更明显

教孩子学会根据事物的逻辑顺序观察事物

晓峰10岁了，是五年级学生。

国庆假期来了，爸爸妈妈带着晓峰出去旅游，他们在一座塔前照相，他们觉得塔建得很有古建筑的特色，晓峰是第一次在现实中看到塔，很兴奋，跟妈妈说："妈妈，我要进塔里看看。"

妈妈说："进塔里干什么？在这里就能看到塔。别去了。"

晓峰说："我要进去看看嘛，这里就只能这样看，我还从来没有进过塔里面看，我要进去看看。"

妈妈说："别去了，孩子，乖，里面没有什么好看的，我们休息一下，等一下还有更多的地方要去呢！"

晓峰知道妈妈不会让他进塔里了，就说："妈妈，那我们走近了再看看吧，这里这么远，看不清。"

妈妈说："晓峰，听话，快坐下休息。这里离那里比较远，我们时间不够，我们下次来的时候再看，好不好？"

晓峰说："你不去，那我自己去。你们在这里休息，我等一下回来找你们。"

爸爸听了，说："去什么？塔有什么好看的？听你妈妈的话，休息一下，等一下还有很多风景要看，你会更喜欢那些的。你要是不听话，以后就不带你出来玩了。"

晓峰怕爸爸生气，只好在原地休息。在接下来的行程里，还有一些

地方晓峰想从不同的角度看看，但是爸爸妈妈都以相似的理由拒绝了。

在案例中，晓峰从来没有见过塔，所以想进塔里看看，但是妈妈不同意，认为塔没有什么可看的，晓峰说服不了妈妈，所以改说要到近处看看塔，妈妈还是不同意。晓峰怕爸爸妈妈生气只好待在原地休息。

事物的逻辑顺序是指事物的内部联系，让孩子按照事物的逻辑顺序观察事物是让孩子学会认清事物的逻辑关系，这样更加深孩子的记忆。

在生活中，很多家长忽略了对孩子这方面观察的引导，他们教育孩子只看重点和结果，很多事物没有必要追根溯源，有的时候孩子自己想从多方面看事物，但是家长因觉得无趣和没有必要而阻止孩子。孩子正处于训练观察力及其他方面能力的最佳时期，家长因为自己的主观臆断，以经验之谈阻止孩子有序观察事物，这会对孩子观察力的提高有一定的阻碍，同时也会影响其他能力的训练。那么，应该如何引导孩子按照事物的逻辑顺序观察事物呢？以下建议供家长参考。

1. 鼓励孩子由近及远地观察事物

雪儿今年6岁，是一年级学生。

新学期开始了，雪儿正式开始了自己的求学之路，在报名回来的路上，雪儿看见学校教学楼前面的花很漂亮，就跑过去认真地看，说："妈妈，这是什么花，好漂亮啊！我要摘一朵。"

妈妈说："不要摘，雪儿，如果每个人都摘一朵还有花吗？是不是？"

雪儿说："哦，我知道了，妈妈。您知道这是什么花吗？真好看啊！"

妈妈说："妈妈也不知道，以后你上学知道了就告诉妈妈，好不好？"

雪儿说："嗯。妈妈你看，为什么这里的花有些地方有，有些地方没有，有些地方的花颜色还不一样？"

妈妈说："这个啊，你得从远处看，你现在离这么近，这么会知道呢？来，妈妈带你从远处看。"

到了远处，雪儿说："妈妈，那是什么？方方正正的？"

妈妈说："这是字，以后你就会学到的，记住了，这是'好好学习，天天向上'，以后你记住这些字，也要这样做，知道吗？"

雪儿看了看，嘴里默念道："好好学习，天天向上。我记住了，妈妈。"

妈妈说："这才是妈妈的好孩子，以后如果一面看不清楚事情，也要记住从不同角度观察事物，知道了吗？"

雪儿说："知道了，妈妈。"

在案例中，雪儿被美丽的花朵吸引，但是近处看不到花的全景，妈妈带着她去远处，让她看到了花的全景，还看到了花朵组成的字——好好学习，天天向上，并且教育她今后也要好好学习，天天向上。

在生活中，看清楚事物的全景，一般需要从远处看，家长可以教育孩子在把握事物全局的时候应该从远处着手。

2. 鼓励孩子由上至下地观察事物

林燕今年8岁，是三年级学生。

一天晚上，妈妈带着林燕一起去广场散步。广场附近的树最近都安上了霓虹灯，晚上的时候一闪一闪的，很好看。林燕看到树木晚上也会发光，而且一闪一闪的，像是流星雨，就说："妈妈，好漂亮啊！

你看。"

妈妈说:"是啊,很漂亮,就像我们的燕燕一样。"

林燕说:"妈妈,它为什么这么亮呢?"

妈妈说:"来,我们从树底下,从上到下慢慢看一下,好不好。"

林燕说:"好,妈妈。"

到了树底后,林燕发现树上有很多交错的线,树上由上到下排列了很多的玻璃管子,一闪一闪的光就是通过管子发出来的。

林燕说:"妈妈,原来发光的是这些管子。"

妈妈说:"是的,你看见树上的线没有,那是电线,管子是通过电发光的。"

林燕说:"哦,我明白了,妈妈。"

在案例中,林燕不知道树木为什么晚上会发光,妈妈带着她来到树下,引导她由上至下地观察树木,在妈妈的解释和自己的观察下,林燕明白了树木晚上发光的原因。

在生活中,有些事物需要孩子由上到下地观察才会看得更彻底,家长可以根据事物特性,引导孩子仔细观察。

3.鼓励孩子先部分后整体地观察事物

苏樱今年9岁,是四年级学生。

春天到了,妈妈带着苏樱去踏青。苏樱看着远处的山,说:"妈妈,你看,山上的花好漂亮啊!"

妈妈说:"是啊,很漂亮。你现在只专注看花,你再看看山上的树、雾以及其他是不是也很好看。"

苏樱看了看,说:"是啊,妈妈,真好看。"

◎ 第三章 提高孩子观察力，家长这样做效果更明显

妈妈说："还不止这些呢，你要是把它们当成一个整体来看才是最美的。"

苏樱又看了看远处的山，说："妈妈，真好看。雾在游动，花在摆动。"

在案例中，苏樱开始只看到山上的花，妈妈引导她看看山上的其他景致，然后又引导她看春山如画。

在生活中，家长可以根据孩子的习惯和事物的具体情况，让孩子通过正确的逻辑顺序观察事物。

教孩子将观察和思考结合起来

小美今年7岁，是二年级学生。

放学回家，小美便开始写作业，今天要写一张语文试卷，小美写到最后是一道看图写话题，题上画有3张图，第一张是龟兔准备比赛，第二张是龟兔比赛时兔子在乌龟的前面，第三张是比赛结束后乌龟拿了冠军。妈妈看见小美写作业写了很久，就进来看看，小美看见妈妈进来就说："妈妈，这个看图写话怎么写？"

妈妈看了看图，说："这不是龟兔赛跑吗？乌龟和兔子赛跑，兔子在途中偷懒睡觉输了比赛。"

小美问道："兔子为什么要偷懒呢？妈妈。"

妈妈说："你照写就是了，管那么多干什么？听妈妈的，错不了。"

小美觉得妈妈说得对，而且这个故事自己以前也听过，故事就是这样的，所以就按照妈妈的说法把作业做完了。

第二天老师检查作业的时候，问了同学最后一道题的答案，很多同学都是像小美一样的写法，同学们都说妈妈是这样说的，老师发现李然同学是另外的一种写法：乌龟比较自卑，兔子为了帮助乌龟找回自信，故意输了比赛。

老师问："李然同学，为什么这样写，是不是妈妈教的？"李然说："是我自己想的，我妈妈只是在旁边看着，没有教我，我写好后，她说写得很好。"

老师说："这次作业大家都完成得不错，特别是李然同学，对故事有自己的思考，写出了另类的龟兔赛跑。大家给李然同学掌声！"

回家后，小美和妈妈说了学校里的事，妈妈说："写对了就可以了，不要管什么思考不思考的，考试你这样也是一样拿分的。"

小美觉得妈妈说得对，心里没有那么难受了。

在案例中，小美看图写话，妈妈说是龟兔赛跑的故事，小美有些疑问，妈妈不给小美解释，也没让小美认真思考，只是让她按照自己的说法把作业完成，作业虽然没有错，第二天老师检查作业时小美却没有得到老师的特别表扬。

将观察和思考相结合起来是指让孩子在观察的基础上有自己的思考，如果孩子有时候思维短路，家长可以引导孩子构建自己的思考，久而久之，孩子的观察力和思维能力都会有一定的提高。

在生活中，很多家长或是忽略孩子的观察能力的培养，或是没有让孩子思考，直接给孩子答案，甚至有的时候孩子有不同的意见，家长觉得不合理或是与标准答案相违背，也会极力遏制孩子思考，把孩子局限在标准答案中，有的

◎ 第三章　提高孩子观察力，家长这样做效果更明显

家长认为孩子的成绩是最重要的，所以不给孩子考试答案以外的思考和提示，教育孩子只要明白考试的答案就可以了。家长的这些行为不仅会影响孩子的独立思维能力，而且也会影响孩子的观察能力，对孩子各方面能力的培养都有不利影响。让孩子将观察和思考相结合，会调动孩子的主动性，得到比较全面的结果，使孩子的观察能力以及其他能力得到一定的提高。那么应该如何引导孩子把观察和思考相结合起来呢？以下建议供家长参考。

1. 在孩子观察后留给孩子独立思考的时间

白庭做作业的时候有一道题不会，于是马上问妈妈："妈妈，您过来看一下这道题，我不会做。"

妈妈从厨房走过来一看，说："原来是将1——9九个数字放进九宫格里，横竖斜每条线上的三个数加起来都等于15。其实并不难，你仔细思考一下，应该把哪个关键的数字放在中间的方格中呢？"

"您直接告诉我吧，我不想思考！"白庭嘟着嘴说。

"那怎么行！你要学会自己思考。"妈妈教育道。

"不嘛不嘛，我就要妈妈告诉我！"白庭不高兴地闹起来。

妈妈没办法，只好直接告诉她："把5放在中间，再把相加等于10的两个数字分别放在对立的方格中，这样就可以了。"

白庭一听，高兴地拍手说："妈妈真棒，妈妈真棒！"

妈妈摇摇头，不高兴地说："这本来是你应该做的，结果都由我来完成。"

在案例中，白庭遇到不会做的题向妈妈求助，妈妈给了一点提示后让她独立思考，但白庭并没有独立思考的习惯，央求妈妈直接将答案告诉自己。妈妈无奈地直接给出了答案，这种做法是不正确的，但生活中有不少家长都

犯了同样的错误，没有锻炼孩子独立思考的能力。

在生活中，有时候孩子可能会过于依赖家长，自己没有观察和思考就直接问家长，家长应该先让孩子自己观察，并让他自己思考一段时间，这样对孩子各方面的能力的提高都会有很大的帮助。

2.引导孩子边数数字边思考

丽丽今年6岁，是一年级学生。

今天老师新教了几个数字，要求同学回去按照顺序数下来。丽丽一遍遍地背着数字：11、12、14……妈妈看见了，就说："丽丽，数数不是这样数的，过来，妈妈教你一种方法。"

丽丽问："是什么方法啊，妈妈？"

妈妈说："你会从0数到9吗？"

丽丽说："会啊！"说完就把数字从0到9数了一遍。

妈妈说："很好，现在你先看看这些数字的关系。"

丽丽看了看，说："这些数字前面都有一个1，后面是1到9。"

妈妈说："很好，但是这里的1不能读成1，得读成10。然后在后面加上后面的数字就可以了，像两个1的就读成11。这样很方便记忆，而且不会把顺序数错，你试试。"

丽丽听从了妈妈的建议，虽然开始的时候有些困难，但是顺序却没有数错，后来慢慢地数得又快又准了。

在案例中，丽丽开始数数总是数错，听从妈妈的建议后，丽丽就没有再数错，虽然开始的时候数得慢，但慢慢地，她就数得又快又准了。

在生活中，家长应该根据孩子的具体情况具体分析，让孩子把观察和思考相结合，这样对孩子的成长有很大的帮助。

◎ 第三章 提高孩子观察力，家长这样做效果更明显

3.引导孩子对事物提出自己的思考

苏峰今年10岁，是五年级学生。

一天放学回家，苏峰在整理今天老师讲解的试卷，看到自己错的地方有些自责，妈妈看见了，说："错了不要紧，以后记住就是了。你现在可以看看自己错在哪里，看看还有没有其他的解法。"

听了妈妈的话，苏峰找到了自己错的地方，认真地思考自己错在哪里时，又发现了另外的一种解题方法。

第二天，苏峰把自己的解题思路和老师交流，老师表扬了他，说他的解题方法比老师讲解的要简便很多，课上，老师又重新补充了那一道题的解题方法。

在案例中，妈妈看见苏峰自责，建议他思考新的解题方法，苏峰听了妈妈的建议，认真地审题和解题，不仅知道了错在哪里，还想出了另一种解法，从而得到了老师的表扬。

家长不仅要引导孩子在作业中把观察和思考结合起来，在生活中也应该根据相关情况让孩子学会把二者结合起来。家长要重视对孩子的训练，只有把训练贯穿于孩子的学习和生活中，孩子的能力才会提高得更快。

让孩子学会在观察时排除错觉和外在干扰

杨峰今年11岁，是五年级学生。

下午放学一回家，杨峰对妈妈说："妈妈，我们家有什么花花草草吗？"

妈妈说："有啊，都在阳台那摆着呢！你问这个干什么？"

杨峰说："老师要我们写一篇有关花草的作文，要我们随便写什么花草都可以，但是需要自己去认真观察才能写，不能异想天开地乱写。"

妈妈说："这样很好啊，你去阳台看看吧。"

杨峰去阳台找来一个仙人球，仔细地端详着，妈妈在旁边听着音乐，杨峰说："妈妈，您把音乐关了吧。您这样我没办法观察。"

妈妈说："你进你房间去，这样总能认真观察了吧？"

杨峰进房间后还是能听到客厅里的声音，向妈妈说："妈妈，把音乐关了吧，太吵了。"

妈妈说："自己静不下心来怎么能说是音乐的影响呢？这点声音你就不能专心了，你以后还怎么学习？"

杨峰说不过妈妈，但是确实没有办法静下心来观察，只好凭着以前对仙人球的了解写了作文。

几天后，作文发下来了，老师对杨峰说："你作文写得不错，但是这次没有自己的观察，所以我给你的分数比较低。以后记住了，这类作文需要自己的观察。"

杨峰说："知道了，老师。"

在案例中，老师要求学生观察花草写一篇作文，杨峰找来仙人球观察，但是因为妈妈在放音乐无法集中精神，杨峰叫妈妈把音乐关了，妈妈说是杨

◎ 第三章 提高孩子观察力，家长这样做效果更明显

峰自己集中不了注意力，与音乐无关，没有关音乐，最后杨峰只好凭记忆写好了作文。

让孩子在观察时排除错觉是指排除孩子自身的一些有碍观察的旧认识，排除外在干扰是指让孩子排除自身以外其他因素的影响，比如环境、他人的意见等。孩子的旧认识和外在干扰都会影响孩子的观察，可能会使孩子无法观察到事物的细节，也可能使观察的结果南辕北辙。

现在生活富裕了，孩子有了很多可以玩儿的东西，孩子观察事物有时候就无法集中精神，特别是一些不感兴趣的事物，孩子更是静不下心来观察，周围的声音以及其他的一些客观因素也会分散孩子的注意力。有的家长认为孩子自己喜欢的时候自然会静得下心来观察，没有兴趣的时候再好的环境也无济于事，所以对孩子观察的相关情况并不关心。孩子正处于爱玩儿好动的年龄，任何的一点声响都有可能分散孩子的注意力，即便孩子在观察自己感兴趣的事物，如果没有良好的环境，也有可能随时会被外界环境干扰，孩子以前旧的认识如果伴随着观察过程，也会有碍观察。那么，应该如何引导孩子在观察事物时排除外界干扰呢？以下建议供家长参考。

1. 教育孩子寻找安静的地方观察事物

小娅今年11岁，是六年级学生。

小娅最近在参加数学竞赛，老师发了很多竞赛练习给小娅做。

小娅在做一道看规律填数字的填空题，这样的题，小娅平时很快就能做出，可是今天楼上的小朋友一直在拖东西、很吵，小娅无法集中精神。妈妈看见了，说："小娅啊，是不是妈妈做家务影响

你了？"

小娅说："没有，妈妈，是楼上的小朋友不知道在玩儿什么，房子很吵，根本没有办法静下心来。"

妈妈说："哦，这样啊，那我去和他们说说，叫他们安静些。"

小娅说："别去了，妈妈。去了也没有用，小朋友喜欢活动。"

妈妈说："这倒是，要不这样吧，小娅，学校不是就在我们家附近吗？你去那儿写，那里安静，吃饭的时候妈妈叫你。"

小娅说："好的，妈妈。"

放学后的学校很安静，小娅在这安静的环境里很快做出了刚才的题目。

在案例中，楼上的小朋友一直在玩儿游戏，小娅被吵得无法集中精神写作业，妈妈知道后建议她去相对安静的学校去写作业。小娅在安静的校园里很快算出了答案。

在生活中，很多客观的因素是无法改变的，当孩子受到外界干扰时，家长应该教育孩子寻找其他相对好一点的环境，这么才会让孩子专心观察，无论是分析习题还是观察事物，孩子的观察效率也会有所提高。

2.当孩子分心时及时提醒孩子要专心观察

颖颖今年6岁，是一年级学生。

妈妈为了训练颖颖的观察力，给她买了一本书。一天，妈妈翻开书让颖颖找出书中两张图画的不同之处。颖颖找了很久，还没有找全，就说："妈妈，好难找啊！我不找了。"

◎ 第三章 提高孩子观察力，家长这样做效果更明显

妈妈说："你认真地找，这不难，很容易就发现了。"

听了妈妈的话，颖颖又低着头找，不一会儿，妈妈听到颖颖嘴里念念有词，原来她在唱歌，妈妈说："颖颖，专心点儿，不要想其他的事，要不然你是找不全的。"

听到妈妈的提醒，颖颖又开始找两张图画的不同之处。经过几次提醒，颖颖终于找全了两张图的不同之处。

在案例中，妈妈要颖颖找两张图画的不同之处，颖颖在中途思想总是不自觉地开小差，妈妈在旁边不断地提醒她要专心找图画的不同点，在妈妈多次的提醒下，颖颖终于找全了。

在生活中，孩子很容易分心，特别是当遇到困难时，孩子就会幻想各种方式渡过难关，或是不自觉地想着或做着别的事情，此时，家长应该提醒孩子要专心观察，不可分心。这样孩子才会更快地找出细节，慢慢地，孩子的观察力也会提升上来。

3.告诉孩子观察事物时不被已有结论束缚

周天天今年11岁，是五年级学生。

一天，周天天在做一套数学试卷，妈妈听见他在房间里叹气，就进去看看，说："天天，怎么了？作业很难吗？不要急，慢慢来，能写出来的。"

周天天说："知道了，妈妈。"

妈妈走近周天天说："哪里不会？跟妈妈说说。"

周天天说："这道规律题不会，你看，第三个数是前两个数的和，

第四个是第二第三个数的和,这规律对吧?可是你看第五个数就不能这样推了。我真不知道该怎么写了。"

妈妈说:"你的规律只适合前面的数,说明你的规律找得不对,你应该抛开刚才的规律重新再找,这样才会找出对的规律,如果你只是纠结于为什么第五个不能运用这样的规律,你是很难找出正确规律的。"

听了妈妈的话,周天天抛开了之前的规律,从后面往前推,很快找出了答案。

在案例中,周天天写作业时一直惦记着已经找到的规律,妈妈知道后,鼓励他放弃之前的规律,重新寻找新的规律。很快周天天就找出了正确的规律。

在生活中,家长应该根据孩子所处的环境和心理有针对性地引导孩子排除干扰,便于孩子更专注地观察,得出正确的结果和结论。

第四章
抓住诀窍，
提高孩子的记忆力

◎ 第四章 抓住诀窍，提高孩子的记忆力

引导孩子将难记的信息融入感兴趣的记忆方式

宏宏今年7岁，是二年级学生。

新学期开学不久，老师布置学生要把字母表背下来。放学回家，妈妈一直督促宏宏背字母表。

有一天下午，妈妈发现宏宏没有背字母表，而是在看电视，于是对他说："宏宏，字母表你会背了吗？"

宏宏说："没有，妈妈。"

妈妈说："没有那你还不快点背，背出来了再看电视，知道吗？"

宏宏说："知道了，妈妈。我现在正在背呢！"

妈妈说："你看电视还说在背书，宏宏啊，我们不能说谎，知道吗？"

宏宏说："妈妈，我没有说谎，电视里刚才在放一首字母歌，我跟着电视里的人一起背呢！"

妈妈说："看电视就是看电视，怎么说成是背书呢？把电视关了，背出来后再看电视。"

宏宏说："等一下还有呢，妈妈，我要跟着电视一起背。"

妈妈说："你这孩子，怎么越来越不听话了？背书就认真背书，不能一心两用，知道吗？快关了电视，等一下你爸爸回来看见了又要说你了。"

宏宏听到爸爸要回来了，只好把电视机关了，回到房间里，开始跟着刚才的音乐背字母表：A、B、C、D、E、F、G……正背着，妈妈推门进来，说："宏宏，叫你背书你怎么唱歌呢？被你爸爸知道你偷懒他会生气的。"

宏宏说："妈妈，我没有，我在背呢，我跟着刚才电视上的音乐在背呢！"

妈妈说："宏宏啊，背书就认真背书，不要想着其他事情，你这样不行的，听妈妈的话，认真背书，不要再这样了。"

宏宏说："哦。"宏宏又和以前一样死背书了。

在案例中，妈妈看见宏宏在看电视，以为他没有背书，叫他关了电视进房间里背书。宏宏进房间后，跟着电视里的旋律背字母表，妈妈听见了，进来阻止了宏宏，要他中规中矩地背诵字母表，宏宏听从了妈妈的话。

兴趣记忆是指让孩子激发自己对需要记忆的知识的兴趣，以此来增强对知识的记忆效果。当人们对自己所记忆的事情产生兴趣时会更容易记住事情，相反，如果人们对自己要记忆的知识没有兴趣，那么记忆效果就不会太理想。

在学习中，孩子需要记忆很多的知识点，如果每一个知识点都是死记硬背，就不会收到较好的效果。如果激发孩子对知识点的兴趣，那么孩子对一些知识点会更容易记住甚至理解。

有些家长认为背书没有捷径，只能死记硬背，当孩子用自己感兴趣的方法记忆知识点时，因为不理解，家长会阻止孩子的兴趣记忆。家长的这些行为会让孩子不知道寻找自己的方法记忆知识点，只是一味地死记硬背，但是兴趣记忆在很多情况下对孩子记忆知识点都可以达到事半功倍的效果。那么应该如何让孩子学会兴趣记忆呢？以下建议供家长参考。

◎ 第四章　抓住诀窍，提高孩子的记忆力

1.鼓励孩子对知识点进行谐音记忆

晓雯今年11岁，是五年级学生。

暑假的时候，妈妈帮她报了一个英语培训班，晓雯上课很认真，但是课下的单词背诵，晓雯很难记住，有的今天晚上记住了，明天早上就忘了。妈妈看见了，说："晓雯啊，背单词有很多种方法的。你现在刚接触英语，可以试一下谐音记忆啊，这样说不定会达到事半功倍的效果。"

晓雯说："谐音记忆？妈妈，这是什么方法啊？"

妈妈说："自己上网查吧，自己动手，丰衣足食。"

晓雯立即自己上网查找，知道了谐音记忆的意思，同时在网上搜到了一些单词的谐音记忆，通过练习很快地记住了单词。

以后，晓雯开始自己对单词编谐音，很容易地记住了英语单词，在培训班上经常受到老师的表扬。

在案例中，妈妈看到晓雯记不住英语单词，建议她尝试谐音记忆。晓雯听从了妈妈的建议，很快记住了单词。

在生活中，家长还可以建议孩子在其他的知识点上也应用谐音记忆，这样，孩子不仅记得快，而且记得牢，比如圆周率的谐音记忆方法就是很好的例子。

2.鼓励孩子用顺口溜对知识点进行记忆

启玲今年12岁，是六年级学生。

在一天课堂上，老师要求同学们课下自己总结在小学里学过的所有数学公式，并且把它们记下来。课后，启玲一本本地翻课本，把所有数学公式及相关的内容都抄下来了，但是却很难记住。妈妈看见了，说："启玲啊，你不是喜欢诗词吗？你可以自己试着为你的数学公式编一些朗朗上口的顺口溜啊，说不定会对你记住数学公式有一定的帮助。"

启玲说："妈妈，可是我不知道怎么编啊。"

妈妈说："不知道就上网查查，借鉴一下别人的经验，说不定对你会有所启发。"

听了妈妈的话，启玲上网搜索到了一些数学公式顺口溜，她举一反三，把自己所学的数学公式编了顺口溜，很快就把公式记住了。

在案例中，妈妈建议启玲利用顺口溜记忆数学公式，启玲看了网上的例子，举一反三，把数学公式编成自己喜欢的顺口溜，很快记住了公式。

生活中，家长还可以引导孩子运用顺口溜记忆其他的一些知识点。

3. 鼓励孩子结合情景对知识点进行记忆

明松今年7岁，是二年级学生。

老师要求同学们用一个星期的时间把乘法口诀背下来。妈妈监督明松背诵，背了很多遍，明松还是把 $5×5=25$ 背成 $5×5=35$，妈妈说了他几句，他就哭了，妈妈说："哭有什么用呢？咱们用家里的金橘举个例子：你手里有5个金橘，它的5倍是多少个？你数一数。"

明松经过数金橘，记住了这句乘法口诀，终于破涕为笑，妈妈很满意。妈妈告诉明松，在类似的问题上可以为自己设置情景，就能够加深记忆。老师检查的时候，明松很顺利地通过，得到了老师的表扬。

在案例中，妈妈监督明松背乘法口诀，明松却怎么也记不住 $5×5=25$，但是在妈妈的帮助下设置情景，使枯燥的学习变得很生动，从而增加了学习兴趣，增强了记忆。他就记得清清楚楚了。

生活中，家长还可以通过其他的方法让孩子运用兴趣记忆知识点，让孩子享受记忆知识点的过程。

让孩子在朗读中提高记忆效率

婷婷今年9岁，是四年级学生。

老师今天教了几个生词，要求同学们明天把它们以及它们的意思背下来。婷婷回到家后，拿出书本在大声地读着，妈妈看见了，说："婷婷，你这是在干吗呢？这么吵。"

婷婷说："我在背书呢，妈妈。今天老师教了几个生词，让我们明天把它们背下来，要连着意思一起背下来呢，我现在正努力地背着呢。"

妈妈说："婷婷啊，你这么大声能背书吗？背书应该是在安静的地方小声朗读，理解后默默地背诵，你这样是读书，怎么是背书呢？乖，回房间去，好好背书去。"

婷婷听了，说："妈妈，这样也能背书啊，说不定效果还很好呢！"

妈妈说："效果好？不会吧，你看看你们不是有早读晚读吗？你在大声朗读的时候都把朗读的内容记下了？没有吧，是不是？婷婷，听话，回房间背书去，不要像现在这样背书。"

婷婷听了后就照妈妈的话做了，果然收到了很好的效果。

在案例中，妈妈看见婷婷在大声地朗读，就对她进行了指导，如何才能很快地记忆知识，婷婷与妈妈一番交谈后听从了妈妈的建议。

朗读记忆指的是让孩子一遍一遍地朗读要背诵的知识点，一直到读熟理解透彻为止。朗读不仅有利于培养孩子的语感，还能帮助孩子加深对知识点的理解以及对知识点的记忆。一些通过朗读记住的知识点，有时候即使默想不出来，但是在背诵时也能背诵下来。

在生活中，一些家长认为背诵知识点就应该安安静静地看书背书，不能朗读，他们不理解孩子可以通过朗读来记忆知识点。一些家长认为孩子朗读会影响不好，打扰自己的休闲时间，同时怕因为孩子招致别样的目光，他们也不赞成孩子通过朗读背诵知识点。有研究表明，通过朗读背诵知识点比其他一般的方法效果要好很多。那么应该如何引导孩子通过朗读背诵记忆知识点呢？以下建议供家长参考。

1. 引导孩子通过朗读背诵古诗词

尹晴今年11岁，是六年级学生。

一个夏日的周末，尹晴一直拿着课本，口中还念念有词，妈妈知道她又在背东西了，说："尹晴，又在背什么呢？是不是刚学的课文？"

尹晴说："不是的，妈妈。这是我们几个同学在比赛呢。"

妈妈听了问："比赛？什么比赛？"

尹晴说："就是我们几个同学一起背一篇课文，看看谁能背出来呗。"

妈妈说："你们还有这样的兴致？说说，你们背哪个古人的哪首诗。"

尹晴说："我们现在学的都是一些比较短的诗词，所以我们几个比赛看看谁能把李清照的《声声慢》背下来。"

妈妈说:"《声声慢》是很长的,你这样背可能赢不了你同学。"

尹晴说:"那怎么办?妈妈"

妈妈说:"诗词不是都有平仄和押韵吗?我觉得你应该边朗读边背,这样不仅让你对这首词的节奏有了把握,而且通过韵脚也更容易记住。"

听了妈妈的话,尹晴就一边大声朗读一边背诵,到了周一的时候,只有她一个人把《声声慢》没有停顿地背下来了。

在案例中,妈妈知道尹晴在背诵《声声慢》后,建议她一边朗读一边背诵,尹晴听从了妈妈的建议,赢了比赛。

在生活中,一些需要背诵的课文或诗词,家长都可以建议孩子通过朗读进行背诵,这样会加强孩子的语感以及对课文的记忆。

2.引导孩子通过朗读背诵难理解的定义

欣桐今年9岁,是三年级学生。

一天下午放学回家,欣桐拿着数学课本问妈妈:"妈妈,这个是什么意思?"

妈妈看了一下,是有关分数的定义,妈妈说:"欣桐啊,这个理解起来不是很困难,你自己多读几遍,所谓'读书百遍,其义自见'嘛,多读几遍,如果还不明白再来问我,好不好?"

欣桐说:"妈妈,可是我已经读了很多遍了,到现在还不明白,所以才来问你的。"

妈妈说:"欣桐啊,你之前是默读的吧?那样注意力没有太集中,你现在朗读出来,说不定不一会儿你就明白了呢。你先试试,不行再问我,好吧?"

欣桐说:"嗯,知道了,妈妈。"说完就跑到房间里朗读起来了,没有多久就对分数的定义有了初步的理解。

在案例中,欣桐问妈妈什么是分数的定义,妈妈没有直接向她解释,而是建议她朗读,不久后,欣桐就对分数的定义有了初步的理解。

在学习中,孩子经常遇到一些晦涩难懂的定义或是段落,孩子在默读时,有时注意力无法完全集中,而通过朗读的方法就可以提高孩子的注意力,这样会帮助孩子理解定义,理解后便于孩子的记忆。

3.引导孩子大声朗读英语

书晗今年12岁,是初一年级学生。

刚上初中,书晗的英语学习很是吃力,很难跟上老师的讲课进程。周末放学回家,书晗向妈妈说出了自己的苦恼。妈妈听了,说:"书晗啊,你跟不上老师的讲课进程是单词记不住还是其他的问题?"

书晗说:"我也不清楚,妈妈。就是感觉上课听不懂老师讲的内容,下课也不会写练习。"

妈妈说:"这样的话,我觉得你还是先从单词开始,词汇量不够你很难跟上老师讲课的速度。"

书晗说:"妈妈,我在课余时间也背单词啊,可是就是今天背了明天忘,根本记不住。"

妈妈说:"书晗啊,背单词是有方法的。你要大声地朗读单词,一边朗读一边记忆,之后还要大声地朗读课文,朗读课文的同时也是对单词的一种记忆。你试试看,一定会有不错的收获。"

听了妈妈的话,书晗在背英语时总是大声朗读,一个学期过去了,书晗的英语成绩有了很大的提高。

在案例中,书晗向妈妈诉说了学习英语的苦恼,妈妈知道后建议他先从朗读开始记忆单词,之后又朗读课文复习单词。经过一个学期,书晗的英语学习收到了很好的效果。

在生活中,家长还可以建议孩子朗读其他科目的知识点,朗读会提高孩子的注意力,增强孩子的理解,加强孩子的记忆力,家长可以根据孩子的具体情况具体分析,让孩子在朗读中记住知识点。

教孩子从记忆规律中寻找诀窍

玲玲今年11岁,是六年级学生。

寒假到了,老师要求同学们在假期里把学过的古诗词都背诵下来。假期里玲玲一直在背诵,妈妈也时时监督着她的背诵。

有一天,妈妈从外面回来,看见玲玲在纸上写写停停的,忍不住问了她一声:"玲玲,你在干什么呢?写作业吗?"

玲玲说:"没有,妈妈。我只是随便写写。"

妈妈说:"哦,如果不重要的话,就先把古诗词背会了再写吧,知道吗?"

玲玲说:"知道了,妈妈。我现在正在想着怎么背呢!"

妈妈听了不解,问道:"玲玲,背东西还需要准备吗?"

玲玲说:"需要啊,怎么不需要?"

妈妈说:"那你给妈妈说说看,有什么需要准备的?"

玲玲说:"妈妈,是这样的,我这几天背了很多,对需要背诵的古诗词有了大概的印象,但是当我背到某一首的时候另一首的词句总是不知不觉地浮现在我脑海里,有时候我自己都分不清哪一句是正确的。所以我想把这些有联系的归为一类,各个击破。"

妈妈听了,说:"原来是这样,我还以为是什么呢,这只能说明你记得还不够牢,加把劲,用心背,记住了就不会出现这样的情况了。"

玲玲说:"妈妈,我也知道我记得不牢,我是想如果像我刚才说的方法背也许会更快点儿背出来。"

妈妈说:"玲玲啊,背东西这件事呢,需要脚踏实地,慢慢来,一篇一篇地背,不要想什么捷径,这是行不通的,知道吗?快去背吧,不要把时间浪费在这上面。"

玲玲觉得妈妈的话有些道理,就放弃了自己的方法,拿起课本去一篇篇地背了。

在案例中,妈妈得知玲玲的背诵方法后,否定了她的方法,希望她脚踏实地、一篇篇地背。玲玲被妈妈的理由说服,放弃了自己的背诵方法。

记忆东西并不一定非要死记硬背不可,应讲求方法,也不是没有规律,寻求记忆的窍门会事半功倍,而且印象也会更深刻。

在生活中,有些家长觉得记忆东西完全是熟能生巧,没有什么记忆的窍门;有的家长认为孩子记忆知识点应该脚踏实地,不应该花时间去寻求什么记忆窍门,他们认为用寻求记忆窍门的时间都可以把知识点记下来了;还有的家长认为只要孩子踏踏实实学习就可以了,而寻求记忆窍门是旁门左道,是不踏实学习的表现,所以他们不赞同孩子寻找窍门记忆知识点。然而寻求

◎ 第四章 抓住诀窍，提高孩子的记忆力

记忆的窍门不仅利于孩子此次的记忆，锻炼孩子的思维能力和总结能力，而且以后如果遇到类似的问题孩子可以用同样的窍门记忆知识。有了窍门，可以让记忆更快速、持久、印象更深刻。那么应该如何引导孩子寻求记忆的窍门呢？以下建议供家长参考。

1. 让孩子明白记忆知识点要先理解知识点

虹馨今年9岁，是四年级学生。

今天老师刚教完了《黄鹤楼送孟浩然之广陵》，就要求同学们明天都背出来。虹馨回家后就开始背这首古诗。

爸爸下班回来，听见虹馨一直在背诵，就问她："虹虹，背得怎么样了？"

虹馨说："背得差不多了，爸爸。"

爸爸说："那你背一遍给爸爸听听。"

虹馨说："嗯。'故人西辞黄鹤楼……'我不会了，爸爸，我再背一会儿，等一下再背给您听。"

爸爸说："好，不过你先跟我说一下这首诗的意思吧，行不行？"

虹馨说："这个，爸爸，今天我们老师说了，不过我听不懂。"

爸爸说："不知道意思怎么行？怪不得你背这么久还背不会。我给你讲讲意思吧，这样你会背得更快。"于是爸爸向虹馨讲了这首古诗的意思，虹馨认真地听爸爸讲了几遍，明白了意思，又背了一会儿，就把《黄鹤楼送孟浩然之广陵》背诵出来了。

在案例中，爸爸得知虹馨没有弄清楚古诗的意思就死记硬背，认为这样虽然也能背出来，但是效率不高，而且遗忘得也快，于是向虹馨讲解了古诗的意思。虹馨结合古诗的意思很快背出了这首古诗。

在生活中，孩子有些时候只是希望把知识点背下来，而没有把知识点弄明白，家长应该引导孩子先要理解知识点，再去背诵知识点，这样的记忆效果会更好。

2. 引导孩子尝试其他方法记忆知识点

晓峰今年六岁，刚上小学一年级。

晓峰刚放学回家，妈妈就过来说："晓峰，今天在学校乖不乖？都学什么了？"

晓峰说："乖。今天我们学了'a、o、e'。"

妈妈说："这样啊，晓峰真聪明，这么快就会念了。那你会写了吗？"

晓峰说："老师今天要我们每个字母写一行。"

妈妈说："那你快去写吧。记得，先别看书哦。"妈妈在一旁看着晓峰写作业。过了一段时间，晓峰终于艰难地把'a'写完了，接下来他怎么也想不起'o'怎么写，妈妈看见了说："你张开嘴巴，嘴巴是什么样子的？"

晓峰说："圆形的。"

妈妈说："'o'就是圆形的。你想想，生活中还有什么是圆形的？"

晓峰说："苹果，西瓜。"

妈妈说："嗯嗯，再想想，今天的课有没有学到圆形的知识？"

晓峰想想说："哦哦，我想起来了，图画中的圆圈也是圆形的。"

在案例中，妈妈在看到晓峰想不起'o'怎么写时，没有直接给他答案，而是做动作让他联想，之后又让他用多种东西联想，这样晓峰就能记住更多的东西了。

生活中，家长可以鼓励孩子用多种渠道记忆知识，有了联想，孩子的记忆会更加深刻。

3.引导孩子要及时复习和经常复习

灵儿今年12岁，是某初中初一年级学生。

刚上初中，灵儿还有些不适应，特别是英语，她觉得自己总是记不住单词。妈妈知道情况后，问她："灵儿，你说你记不住单词，你平时花多少时间记单词呢？"

灵儿说："妈妈，我平时每天都会看一遍单词，有的时候没有时间也会两三天看一次。"

妈妈说："这就是了，你没有及时地复习单词肯定记不住了，况且你现在是刚接触英语，一点都不熟悉，所以更应该多花时间去记单词，要及时复习单词，也要经常复习单词，不要三天两头才看一次，知道吗？"

灵儿听从了妈妈的建议，她花了更多的时间在英语单词上，考试的时候，灵儿的英语成绩考得很好，排在了班里的前几名。

在案例中，妈妈得到灵儿的学习情况后，知道她记不住单词的很大原因是没有及时复习和经常复习，所以建议她花更多的时间用于记单词，灵儿听从了妈妈的建议，考取了很好的成绩。

俗话说：熟能生巧，家长应该鼓励孩子在平时的学习中要做到及时复习和经常复习，这样孩子对知识点的记忆才会更持久，不会遗忘。

让孩子学会在列提纲中增强记忆效果

聂秋今年11岁,是六年级学生。

一个周末,妈妈下班回来,看见聂秋在房间里写写画画,忍不住问他说:"聂秋,你吃饭没有?还在写作业呢?"

聂秋说:"还没有呢,妈妈。我正在列背诵提纲。"

妈妈说:"背诵提纲?怎么从来没有听你说过?背诵还要列提纲?你们老师说的?"

聂秋说:"不是我们老师说的,今天我和同学李毅一起玩儿,他跟我说的,他说效果还不错。我们老师不是要求我们背小学的所有古诗词么?我也想试试这种方法。"

妈妈说:"我就是说嘛,老师怎么会留这样的作业!你不用试了,还是老老实实地背,不要把时间浪费在这些无聊的事情上,知道吗?这样对背诵没有一点好处的。"

聂秋说:"妈妈,不试过怎么知道没有好处?反正现在还有时间,如果效果好的话也许印象会更深呢!"

妈妈说:"妈妈说不用就是不用,你还不相信妈妈吗?以前妈妈读书时,同学也有这样列提纲的,最后考试妈妈也没有比别人差啊!所以说,只要用心背就能背出来,你列提纲的时间我都背出几首了,你说是不是?"

聂秋说:"好像是这样吧!那我听妈妈的,不列了,还是老老实实背古诗去。"

妈妈说:"嗯,快去吧。"

后来老师检查同学们背诵情况的时候,聂秋虽然大体上背下来了,但是在背诵过程中有些接不上,而李毅背得很完整,有条不紊的,老师特别夸奖了李毅。

在案例中,妈妈得知聂秋在学同学列提纲背诵时,阻止了他的做法。聂秋听了妈妈的话,觉得妈妈说得好像有道理,便放弃了想要尝试的方法,在老师检查背诵时虽然自己也背出来了,但是没有李毅同学背得完美。

列提纲是指让孩子根据要背诵的知识点,列出一个大概的背诵思路,让孩子在背诵过程中跟着提纲走。这种方法更便于孩子系统地记忆和学习。孩子在列提纲时不仅梳理了背诵的思路,而且对背诵资料有了一个大概的归类,方便以后孩子记住知识点。

在生活中,有的家长觉得学习的知识点比较少,不需要列提纲,只要孩子踏实努力地背诵就同样能背出来;有的家长认为列提纲不仅浪费时间而且对背诵知识点帮助不大,同时还有可能养成孩子偷懒的习惯,所以他们都不赞成孩子列提纲背诵知识点。列提纲不仅有助于孩子当下的背诵,同时对孩子以后能更全面地学习和有计划地做事有一定的帮助。那么应该如何引导孩子通过列提纲来背诵知识点呢?以下建议供家长参考。

1.让孩子明白如何列提纲

静云今年8岁,是三年级学生。

一天静云放学回家看见爸爸在书桌上写东西,于是走过去问爸爸,说:"爸爸,你这是在写什么?怎么空白这么多?"

爸爸说:"爸爸在列提纲呢!爸爸工作上有些文件需要整理,爸爸需要先大概梳理一下整理的思路，这样方便以后的工作。"

静云说："哦，原来是这样。爸爸，什么是列提纲？怎么列提纲呢？我也要向爸爸学习，先列提纲，再去学习。"

爸爸觉得静云的想法不错，于是向她解释了什么是列提纲，怎么列提纲，最后爸爸说："你们不是准备期末考试了吗？你可以尝试一下用列提纲的方法背诵知识点啊，说不定对你会有帮助的。"

静云说："嗯，好的，谢谢爸爸。"说着就转身回房间有模有样地列复习提纲了。

在案例中，静云看到爸爸在写东西，就进去和爸爸说话，爸爸听了她的想法后，向她解释什么是列提纲、怎么列提纲，静云听明白后就自己动手练习列复习提纲。

在生活中，孩子有可能只知道按部就班地学习，不知道列提纲是怎么回事，家长应该先让孩子知道和了解这种方法，之后再让孩子合理地将其应用到学习中。

2.引导孩子在复习数学时列提纲

少卿今年11岁，是六年级学生。

准备小考了，少卿还有很多需要背诵的知识点没有记下来，近来，他虽然有些担心，但是也不知道该怎么办，只是写作业的时候遇到不会的就去翻课本，或是请教妈妈。妈妈看见他有很多知识记得不牢固，特别是数学方面，于是对他说："少卿啊，你什么都记不清楚这样不行啊，这样下去考试怎么办？这样吧，妈妈教你个方法，先把知识点弄清楚，好不好？"

少卿听了，说："好，妈妈，可是我怕会耽误作业。"

妈妈说:"你现在这样什么都记不清楚不仅作业写得没有速度,而且错得也多。弄清楚了知识点后,你不仅写得快,而且正确率也会提高。"

少卿说:"妈妈说得对,是什么方法呢?妈妈。"

妈妈说:"这个方法就是列提纲,你把过去的数学公式和定义分类,或是按年级分类,然后你按分类来记,这样比没有头绪地记东西要好得多。"

少卿说:"嗯,好的,妈妈。我现在就是没有背东西的思路,总是东背背西背背,有了思路就好了。"说完转身去整理数学知识点了。

小考的时候,少卿由于明白了很多数学的知识点,考取了理想的成绩。

在案例中,妈妈看见少卿对知识点掌握不够,又没有记知识点的方法,所以建议他用列提纲的方法记忆知识。少卿听从了妈妈的建议,复习有了方向,小考时取得了理想的成绩。

在生活中,当知识点越来越多时,孩子在记知识点时就有可能出现手足无措的表现,家长应该给孩子建议一个大概的方向,让孩子有方向地学习,这样他的学习效率会大大提高。

3.引导孩子在背诵古诗词时列提纲

琦琦今年8岁,是三年级学生。

一天,爸爸想看看琦琦的学习情况,于是随口问她:"琦琦,《回乡偶书》的作者是谁?"

琦琦说:"是……是李白。"

爸爸说:"不对吧,你看看书。"

琦琦看了书说:"爸爸,这是以前学的,我早忘了。"

爸爸说:"这怎么行,今天学明天忘。"

琦琦说:"可是我就是记不住啊!"

爸爸说:"爸爸教你个方法。你在背诵前先列提纲,按照诗人的作品分类,这样你就不会记错作者了。"

琦琦说:"对啊!我怎么没有想到?谢谢爸爸。"

在案例中,琦琦记不清诗词的作者,爸爸建议她列提纲按作者的分类背诵古诗,这样就不会记错作者了。

在生活中,也许孩子会记不住其他方面的知识点,家长可以根据具体情况具体分析,让孩子合理地应用列提纲的方法记忆知识点,如果孩子能很好地运用列提纲的方法,成绩就会有一定的提高,学习能力和兴趣也会有所提高。

让孩子在左右脑协调训练中提升记忆力

成锦今年12岁,是初一年级学生。

一个夏日的周末,一家人在家里吃晚饭,妈妈注意到成锦改用左手吃饭了,就问他说:"成锦,你怎么了?手没有事吧?怎么用左手吃饭啊?"

成锦说:"没有事,妈妈,我只是在练习用左手吃饭。"

妈妈说:"没什么干吗要用左手吃饭?你把妈妈吓了一跳。说说

◎ 第四章 抓住诀窍，提高孩子的记忆力

看，到底是什么事。"

成锦说："妈妈，真没有什么事。就是班上有人说，左手灵活的人记忆力相对来说比别人强，所以我想训练一下我的左手，这样我就能记住英语单词了。"

妈妈说："原来是这样，把妈妈吓了一跳。是谁说的？这不是瞎说吗？难道英语成绩好的人都是左撇子不成？"

成锦说："妈妈，不是这个意思，人家是说左手灵活的人记忆力好，没有说成绩好的就是左撇子。"

妈妈说："那不就得了，只要用心地学，什么左手右手的，就都一样能考好成绩。你不要再这样瞎折腾了，明白吗？好好吃饭。"

成锦说："我知道你的意思，妈妈。可是……"

妈妈说："别可是了，事实胜于雄辩，你自己也承认了，英语成绩好的不都是左撇子，说明你同学的理论根本站不住脚，你听妈妈的，只要用心地背、用心地学，你的成绩一定会上来的。"

成锦觉得妈妈说得很对，事实胜于雄辩，英语成绩好的同学的左手也不见得有多灵活，自己何必浪费时间呢？他想了想，换用自己习惯的右手吃饭了。

在案例中，妈妈知道成锦用左手吃饭是为了训练记忆力的时候觉得很可笑，劝说他不要相信这样的话。成锦听了妈妈的一番劝说，觉得妈妈的话有道理，便放弃了对左手的训练。

左右脑的训练是指让孩子通过做一些活动使大脑得到更好的开发，孩子的学习能力和记忆能力都会因此有一定的提高。

在生活中，很多家长只关注知识、学习，他们给孩子灌输各种信息，希望孩子能接受并使用它，认为孩子的信息量大了能力自然就会提上来了，他们几乎没有关注过对孩子本身的训练。在一开始,大量的信息确实让孩子的眼界开阔、能力提高,但是这样的情况会达到一个极限,如果孩子的左右脑没有得到良好的训练,那么孩子在达到极限后就很难有更大的突破。左右脑的开发不仅有利于孩子当下的学习,对他以后的人生道路也有很大的作用。那么,应该如何训练孩子的左右脑呢?以下建议供家长参考。

1. 鼓励孩子在空闲时间参加活动四肢的运动

凤娇今年7岁,是二年级学生。

周末,凤娇和妈妈在家。凤娇写完作业后就去客厅看电视,妈妈看见了,说:"娇娇,你怎么看电视了?作业做完了吗?"

凤娇说:"作业写好了,妈妈。"

妈妈说:"你在看什么电视呢?"

凤娇说:"随便看看,没有一个节目是好看的。"

妈妈说:"你今天怎么不出去和小朋友们一起玩儿了?"

凤娇说:"她们今天玩儿跳绳,我不会,所以不去。"

妈妈说:"不会可以学嘛,在家待着可要'发霉'了。多出去运动运动,对身体和大脑都有好处。"

凤娇说:"哦,知道了,妈妈,那我出去找她们玩儿了。"

在案例中,妈妈看到凤娇在家看电视,建议她出去和小伙伴玩儿,锻炼身体和脑力。凤娇听从了妈妈的建议,找小朋友玩儿去了。

在生活中,孩子有时候会一直守着电视,不愿意活动,这样对孩子脑力的开发有不好的影响,家长要鼓励孩子和小伙伴们一起运动,或者和孩子一起做四肢运动。

◎ 第四章 抓住诀窍，提高孩子的记忆力

2. 鼓励孩子利用短暂的空闲时间做手指操

兰溪今年6岁，是一年级学生。

假期来了，爸爸妈妈带着兰溪一起出去旅游。他们在候车室里候车，还有几分钟就到上车时间了，妈妈看见兰溪东张西望的，就说："溪溪，你在看什么呢？"

兰溪说："妈妈，我在看什么时候可以上去，坐在这里好无聊啊，什么都不能玩儿。"

妈妈说："还有几分钟就上车走了，不急，再耐心等一等，啊。"

兰溪说："这几分钟怎么这么久？比我们上一节课还要久。"

妈妈说："怎么会呢？这样吧，溪溪，妈妈教你玩儿个游戏，这样你就不那么无聊了，而且这还能让我们溪溪变得更加聪明哦！"

兰溪说："妈妈，是什么游戏？快点教我。"

妈妈说："妈妈的这个游戏叫手指操，来伸出你的双手……"妈妈把手指操详细地教给了兰溪，最后妈妈还说："以后要多加练习，无聊的时候就练习，不仅时间过得更快，而且还能提高溪溪的智商呢！"

兰溪说："嗯，知道了，妈妈。"说完便转身去做手指操了，一会儿妈妈叫她上车，她说："妈妈，怎么这么快？我正在做手指操呢！"

在案例中，妈妈看见兰溪在候车时没有事做，就教她做手指操，并鼓励她以后多练习。兰溪学会了手指操后感觉到时间过得很快了。

生活中，孩子在一些短暂的休闲时光里没有事情可做，会觉得时间过得很慢，家长此时可以建议孩子做手指操等小型活动手指的游戏，这样不仅让孩子感觉有趣，而且对孩子的左右脑开发有一定的帮助。

3.找时间和孩子一起画画儿并为图画起名

茹欣今年8岁,是三年级学生。

周末来了,爸爸觉得天气很好,很适合出去游玩,所以带着茹欣一起出去玩儿。

茹欣说:"爸爸,出去需要带点什么东西吗?"

爸爸说:"带点水果和饮用水就可以了。"

茹欣说:"知道了,还有什么吗?"

爸爸说:"哦,对了,今天带点图画纸去吧。我们一起画画儿。"

带齐东西他们就出发了。到了目的地,爸爸和茹欣开始比赛画画儿,画好了以后,爸爸说:"小欣啊,你给你的画起个名字吧。"

茹欣说:"这幅画儿我画的都是树,但是都画得很抽象。就叫它'艺树'吧。"说完,写在了纸上。

爸爸说:"'艺树'?不错,那你帮爸爸的也起一个名字吧。"

茹欣看了看爸爸的画。说:"您的就叫'柳水依依'吧。"

爸爸说:"起得好,我喜欢。"

在案例中,爸爸带茹欣一起出去画画儿,并让茹欣为每一幅画起名字。茹欣给两幅画都起了不错的名字。

在生活中,家长可以找时间跟孩子一起出去画画儿,画画儿可以训练孩子的右脑,起名字可以开发孩子的左脑,这样的活动可以让孩子的左右脑得到平衡的开发,对孩子全脑的开发有一定的帮助。

第五章
家长应悉心培养孩子的想象力

◎ 第五章　家长应悉心培养孩子的想象力

孩子的想象力，家长应悉心呵护

波波今年八岁，已经上二年级了。他一直很喜欢看童话故事书和科幻电影，经常会有些稀奇古怪的想法。

这天，爸爸下班后刚进门，波波就跑了过来，他开心地把自己的"画作"拿给爸爸看。那是一个蓝色的苹果，画得惟妙惟肖。波波期待着爸爸的表扬。没想到爸爸却说："这是苹果吗？怎么可能是蓝色的呢？画得一点都不像。重画一个红色的。"波波告诉爸爸："我觉得是可以有蓝色的苹果的，有这样水果的世界就会更加鲜艳啦！"爸爸却说波波是在胡思乱想。这让波波感到有些委屈。

第二天，老师在课堂上提问，为什么气球可以飞到天上。波波马上举起了手，他告诉大家，他认为气球可以飞的原因是因为气球想要追逐天空中的小鸟。老师笑着告诉他，虽然他的答案并不科学，但他是个很有想象力的聪明孩子。回到家后，波波开心地把这件事讲给爸爸听。没想到爸爸却生气了。他严肃地对波波说："你整天想的都是些什么，也不怕别人笑话。都是因为童话故事看多了，不切实际。以后那些书和动画片你都不准再看了，把心放到学习上吧，好好学知识！"

爸爸的态度让波波感到既害怕又伤心。从那以后，他很少再看童话故事书了，总是寻求最标准的答案，人也不像以前一样活泼机灵了。

对于波波充满想象力的回答和构思，爸爸却觉得他是在胡思乱想，做些不切实际的事浪费时间，还不准他再看童话故事。这种态度和行为打击了波波的积极性，限制了他的思维，也使他的性格受到了影响。

在生活中，很多家长都会像波波的爸爸一样，对于孩子那些充满想象力的话语或行为不屑一顾，甚至大加指责。这种现象存在的原因主要有以下两个方面：一方面，一些家长认为孩子这些想法不符合科学或成年人的世界观，觉得他们很幼稚，所以阻止他们；另一方面，有的家长认为孩子应该把精力和时间都放在课本知识的学习上，找出最正确和标准的答案，这种充满想象力却不标准的回答会影响他们的学习成绩，所以不希望他们有这些想法。如果家长不懂得呵护孩子的想象力和好奇心，他们的积极性便会减弱，想象力和创新能力都会降低，思维也会受到限制。长远来看，很不利于孩子的学习、成长和未来发展。

因此，在孩子的成长过程中，对于孩子那些充满想象力的想法和行为，家长应尽力支持和鼓励，要激发孩子的好奇心，呵护孩子的想象力，平时鼓励孩子突破局限，尽量从多个方面考虑问题，甚至有所创新。只有这样，孩子的想象力才能有所发展，在学习和生活中才能做到举一反三，这对孩子的成长发展来说是很重要的。以下建议供家长借鉴。

1. 不要苛责孩子的创新想法

对于孩子的一些富有想象力的想法和行为，一些家长不仅不支持，有时还会批评指责孩子，觉得他们是在胡说八道，不把精力用在学习上，却在无谓的事上浪费时间。这样的指责和批评会让孩子觉得自己做错了，因而创新的积极性受到打击。

因此，当孩子产生一些新奇的想法时，家长不要用自己的观念来判断孩子，并以此认为孩子是在胡闹；也不要用所谓的标准答案来要求孩子，要鼓励孩子的创新想法和行为。即使需要向孩子解释符合科学常识的原因，也要肯定、表扬孩子丰富的想象力，鼓励孩子加以发展。

◎ 第五章　家长应悉心培养孩子的想象力

2.认真回答孩子提出的稀奇古怪的问题

出于天性，孩子的好奇心很强，经常观察生活中的一些事物并向家长提出问题。有时，孩子的问题可能会比较奇怪或"幼稚"，比如"草和花是什么关系""下雨是因为云朵在哭泣吗"，等等。这时，一些家长便会失去耐心，不仅不认真回答孩子的问题、不重视孩子的想象力，还会觉得孩子很烦。长此以往，孩子遇到问题便不会再轻易发问，更不用说自己想象答案了。这对孩子的学习和成长都是非常不利的。

因此，当孩子提出问题时，即使比较"幼稚"，或是想象比较奇特，家长也要保持耐心，给予重视并认真回答和解释。尤其要引导孩子自己去想原因、找答案，培养孩子独立解决问题的能力和想象力。只有这样，孩子的想象力才能得到呵护和提高。

3.允许孩子看童话故事、科幻小说

随着孩子的成长，一些家长觉得童话故事和那些与科幻有关的东西已经不再适合他们了。因为家长觉得这些读物或电影都是不真实的，对孩子的学习没有帮助，还会让孩子胡思乱想，在不切实际中浪费时间和精力。因此，家长常常会限制孩子的课外读物。

其实，不管是童话故事还是科幻小说和电影，包括一些动画片，都能很好地培养孩子的想象力，让孩子看到一些在现实生活中不可能见到或想象到的事物，从而激发他们的想象力和创新思维。所以家长应该允许孩子看这些读物或电影，并鼓励他们从中学会积极想象和创新，家长也可以陪孩子玩儿一些增强想象力的游戏。

4.支持孩子富有想象力的实践

在生活中，有的孩子想象力比较丰富，而且具有很强的动手能力，一旦有了想法，便希望通过实践来进行验证。对此，一些家长却不支持，认为他们是在浪费时间，有时还会直接告诉孩子这样做是错的，或是说他们在胡闹。这些都会打击孩子的积极性。

对于孩子那些富有想象力的实践活动，家长应予以支持。比如，当孩子对生活中的一些常识和做法提出质疑并希望用行动来验证时，家长就应在保证孩子安全的前提下帮助孩子操作，即使知道孩子的想法是错误的，也可以通过实践让孩子得到正确的认识。这样做会鼓励孩子的创新积极性，呵护孩子的想象力，并提高孩子的动手能力。

在生活中培养孩子的想象力

兵兵和小强是好朋友。两人一块儿长大，经常在一起玩儿。不过两人的个性却有很大不同。兵兵思维活跃，常常提出一些与众不同的想法，小强则比较内向和保守。

兵兵很小的时候，爸爸就很注重对他的想象力和创新能力的培养。以前爸爸会陪他玩儿一些游戏，比如把几个凳子列在一起玩儿开火车，让兵兵扮演医生为爸爸看病等。爸爸还会给兵兵讲很多童话故事，鼓励他勇于想象。随着年龄的增长，兵兵懂的知识越来越多，爸爸还经常陪他一起看些科幻电影或有创意的节目，并为他讲解了不少科学知识。对于兵兵提出的一些富有想象力的想法，爸爸也会表扬一番。渐渐地，兵兵的思维变得很活跃，经常能够由一件事物联想到其他事物，对一些问题也会给出与众不同的答案，连老师都觉得兵兵拥有创新思维。最近，兵兵还参加了学校组织的创新大赛，自己只做了一个令人眼前一亮的汽车模型，就获得了一等奖。

◎ 第五章　家长应悉心培养孩子的想象力

与兵兵的爸爸不同，小强的爸爸则比较严肃和保守。他觉得对于孩子来说，最重要的是把知识学好，取得理想的成绩。因此，对于小强提出的问题，如果与学习无关，他就会严厉斥责，批评他不把心思放在学习上；如果是学习方面的问题，他就会给出最标准的答案，对于小强的一些创新想法则置之不理。有一次，爸爸发现小强在作业中做的一道"太阳为什么是红色的"的问题答案是"因为太阳公公很害羞"时，便勃然大怒，不准小强再胡说八道，回答问题要科学严谨。爸爸的这些做法让小强变得保守，从此不管是学习还是生活，都尽量找到最标准的答案，很少自己想象。久而久之，他的性格也内向了不少。

对于兵兵的想象，爸爸采取呵护、鼓励的态度，并经常在生活中有意识地培养他的想象力和创新能力，使兵兵成长为一个思维活跃、勇于创新的孩子；而小强的爸爸则不同，不仅没有培养他的想象力，还把他的想象称为胡思乱想。这打击了小强的积极性，使他变得保守内向，思维受到限制，只懂得死读书、寻找标准答案。

其实，很多家长都像案例中小强的爸爸一样，没有意识到想象力的价值，在平时的生活中也不注意培养孩子这方面的能力和素质，总是认为，学好知识、找到标准答案并取得理想成绩才是最重要的，想象力对学习并没有什么帮助。这种态度导致家长没能培养并提高孩子的想象力，使孩子思维受到限制，缺少独立思考的能力。这对孩子的学习和成长是非常不利的。

爱因斯坦曾经说过，与知识相比，想象力和创新能力更为重要。只有勇于想象和创新，才能打破束缚，有所发明和创新。这种素质在如今的时代是很重要的，将是孩子最关键的素质之一。因此，在平时的生活中，家长要注意培养孩子的想象力，提高他们的创新能力，为他们的成长和发展做好铺垫，让他们的人生路走得更好。以下建议供家长参考。

1.扩展孩子的知识面，激发他们的求知欲

知识越丰富，孩子的想象空间就会越大。如果没有足够丰富的知识，孩子也就无从入手和想象，更不用说形成活跃的思维了。因此，为了培养孩子的想象力，家长平时要注意扩展孩子的知识面，多给孩子讲解一些科学知识，解释一些生活中事物的原理，让孩子懂得更多，思维更加多元化。家长也要注意，不要让知识成为限制孩子想象力的因素。

除此之外，家长还要利用孩子的好奇心来激发孩子的求知欲，让孩子产生"一探究竟"的想法，然后才能积极思考和想象。比如可以让孩子解释一些生活现象，向孩子请教一些问题。这样做会激发孩子的热情，能够更加积极思考所接触的事物。

2.培养孩子的绘画能力和鉴赏音乐的能力

在平时的生活中，家长可以通过教孩子学画画儿来训练他们的想象力。可以让孩子把生活中的一些场景或是文章中描述的场景用绘画表达出来，让孩子画一些个性鲜明的人物，或者让孩子通过绘画所呈现的画面想象并描述具体场景。这样做可以培养孩子的想象力。

同时，家长也可以通过教孩子学会鉴赏音乐来提高他们的感受力和想象力。比如可以为孩子播放一段音乐，让孩子试着想象并描述自己感受到的世界或环境；也可以让孩子对不同风格的音乐做出区别，这些都会帮助孩子提高想象力。

3.陪孩子看科幻电影或其他创新的节目

一般而言，科幻电影对孩子有较大的吸引力，家长可以陪孩子看一些科幻电影，增加孩子的见闻，让他们见识到那些现实生活中没有的事物，并告诉他们，只要勇于想象和探索，有些可能会成为现实，以此激发孩子的创新热情，培养他们形成活跃的思维。

当然，家长也可以让孩子看一些其他的创新的节目，包括一些有新意的

广告，那会让孩子觉得眼前一亮，发散思维。还有一些问答节目，让孩子积极参与并从多角度思考、解决问题。这些都会让孩子的思维更加活跃，想象力更加丰富。

4.让孩子描述并解释生活中的现象

在平时的生活中，家长要让孩子多观察和思考生活中的事物，并让他们来描述一些常见的现象并解释其原因。比如，可以让孩子用生动的语言来描述小草生长的过程，看孩子能否用拟人、比喻等手法来描述；可以让孩子解释一下下雨时为什么先看到闪电后听到打雷的问题，鼓励他们自己想象原因，然后再向他们解释真正的原因，并表扬他们的想象。这样做会激发孩子的求知欲，使孩子的想象力得到提高，知识也更加丰富。

教孩子学会用联想的方式想象

可可今年九岁，是个四年级的小学生。她不仅性格活泼开朗，而且学习成绩也总是名列前茅，大家都很喜欢她。可是，最近她却有些闷闷不乐。

原来，语文老师最近正在教大家学习拟人和比喻的修辞手法，并让大家用这两种修辞手法造句。大家都学得很好，造出了不少生动形象的好句子，比如，"妈妈的眉毛像弯弯的月牙一样""太阳公公慈祥地看着我们"，等等。可可却一直不得要领，一直没能很好地掌握这两种修辞手法，造出的句子总是生搬硬套，缺乏新意，一点都不生动。有一次还由于错误地使用了拟人的手法而闹出了笑话。期中考试时，有一道题目是让大家用比喻的修辞手法改写句子。可可在这道题目上丢分不少，导致成绩不理想。这让一向成绩优异的可可觉得很丢脸。

可可闷闷不乐地回到了家。爸爸看她这么不开心，便赶紧过来询问情况，原来可可是因为比喻和拟人的修辞手法学得不好而导致成绩不如意。可可告诉爸爸，这两种修辞手法太难学了，自己想放弃了。听到可可这么说，爸爸很严肃地告诉她："可可，你千万不能这样想。这两种修辞手法是很重要的。它们在语文学科里占的比重很大，以后写作文、阅读都要大量使用。如果你现在不好好学，会受到更多的损失。再说了，爸爸觉得这两种修辞手法并不是那么难学啊。所谓比喻和拟人，都是把一种事物比作另一种事物，这就需要你会去联想，由这种事物联想到另一种事物。那么我们首先要做的就是找出这种事物的特点，再由特点联想其他相关的事物。爸爸说得对吗？"

爸爸的话让可可恍然大悟，她终于明白这两种修辞手法的核心所在了。按照爸爸教的方法，可可很快就掌握了比喻和拟人的修辞手法的运用，成绩也得到了提高。不仅如此，她的思维也更开阔了，总能由一个事物联想到其他一些事物，想象力很丰富。

当可可在学习比喻和拟人的修辞手法时遇到了困难，没能抓住其关键，甚至产生了放弃的想法。在爸爸的帮助下，她学会了通过寻找事物特点，然后进行接近联想的方法，掌握了这两种修辞手法，成绩得到了提高，想象力也更加丰富。

生活中，一些孩子的思维比较单一，思考问题时不能举一反三，不懂得联想相近事物和问题。长期如此，孩子很难形成发散性思维，解决问题时也总是从单方面入手，容易造成考虑不周全的现象，不利于问题得到解决；而且孩子也不懂得把解决问题的方法利用在相近问题上，这就会导致孩子解决问题的效率不高。由此，孩子的学习也会受到影响，对孩子的成长和发展也是不利的。

因此，家长在生活中要让孩子学会通过接近联想的方式提高想象能力。所谓接近联想，就是通过空间、时间以及相关性质上的接近来联想其他有关事物的方法。这种方法能有效地提高孩子的想象力，甚至会让孩子有所创造。同时也可以让孩子学会举一反三，形成发散性思维。这种能力对于他们的学习成长和未来发展来说是很重要的。以下是一些供家长借鉴的相关建议。

1.让孩子学会联想外形、特点、作用相似的事物

要想让孩子学会接近联想，可以从事物的外形、特点以及作用等方面入手，来让孩子联想与此类似的其他事物。比如就"妈妈的眉毛像弯弯的月牙"一例来讲，就是由"妈妈的眉毛"的形状联想到了"弯弯的月牙"，这是外形上的相似；这种方法是最简单易行的，家长在平时的生活中要多让孩子进行联想，比如利用家中的事物让他们进行比较，找出相近的几种。

2.让孩子学会利用空间和时间上的接近进行联想

除了从事物的外形、作用和特点等方面入手之外，家长还可以训练孩子通过从寻找与事物的空间距离或时间距离接近的事物来入手，逐步提高联想的能力。比如由天安门联想到人民英雄纪念碑，这是空间上的接近引起的联想；由春节联想到元宵节，则是时间上的接近引起的联想。这两种联想需要孩子平时对生活中的事物进行仔细的观察，还要具备一定的知识。因此，家长在生活中要让孩子养成观察并总结的习惯，以便他们由一种事物迅速联想到与其空间和时间上相近的事物。

3.让孩子学会从反面联想

不管是从事物的外形、作用入手，还是从空间、时间入手，联想到的都是与事物相似或接近的另一事物。其实，从与事物的有关特点反面入手，同

样可以联想到很多其他事物。比如由光明的白天联想到黑暗的夜晚，由炎热的夏季联想到寒冷的冬季等。这种由对立个性联想相关事物的方法能扩大孩子想象的空间，增加想象的方向和角度。家长平时要让孩子多积累一些反义词，使他们在发现事物的特点时能迅速想到其相反的特点，并由此联想到具有这种特点的事物，使他们想象的空间更广阔。

4.让孩子平时多使用比喻、拟人的修辞手法

除了上述几种方法之外，家长还要让孩子在平时的学习、生活中多使用比喻、拟人的修辞手法。这两种修辞手法都需要孩子思考事物的特点，然后根据这种特点找出与其相似的其他事物，从而学会接近联想。这两种修辞手法在语文的学习过程中是很重要的，不管是阅读还是写作都要大量使用。所以，让孩子多使用这两种修辞手法一方面可以提高语言表达能力和写作水平，写出更加生动优美的句子，从而提高学习成绩；另一方面可以提高孩子的想象能力。

教孩子具体描述自己想象的世界

丽丽今年上四年级，她的想象力很丰富，这在同龄的女孩中是很难得的。大家经常向她的父母请教教育方法。

原来，丽丽的父母在平时的生活中就很重视对她的想象能力的培养，经常让她描述自己想象中的世界。比如在听音乐时，妈妈会让丽丽讲讲自己的感受，让她描述自己在音乐中想象出了一个怎样的世界；在欣赏画作时，妈妈也会让她透过画面想象当时的生活和背景，有时还会

◎ 第五章 家长应悉心培养孩子的想象力

让丽丽亲自动笔,把自己想象的一些情景画出来。

除此之外,爸爸也经常会与丽丽讨论一些问题,比如让她想象一下,如果人类继续这样不注意保护环境,世界将会变成什么样子。起初,丽丽觉得毫无头绪,想象不出什么。爸爸也不着急,让她先想象一下,如果大家都乱扔垃圾,周围的环境会变成什么样子;如果大家对树木滥砍滥伐,是不是沙漠会增多,沙尘暴更严重,水土流失也会更严重?在爸爸的引导下,丽丽想象到的情境越来越多,她还写了几篇文章,想象如果不保护环境,未来将会发生什么。爸爸也经常给她讲些科技的发展,并让她根据这些想象未来世界的模样。有时,爸爸还会带丽丽到博物馆去参观那些古人使用的器具,给她讲一些历史知识,让她想象古代人们的生活。有时还会跟她一起给一些影视剧找错,指出不合史实或逻辑的地方。

就这样,在父母的培养下,丽丽的想象力得到了很大的提高。她的思维总是很活跃,很小的事物就能给她很大的想象空间,总能提出不少让人耳目一新的想法。不仅如此,她还能把枯燥的形象通过想象变得生动、灵活起来,在学习几何知识时,班里不少同学都觉得很难想象那些形状,学起来很吃力。丽丽却很快就掌握了那些知识,成绩也取得了较大的进步。

在案例中,丽丽的父母很重视对她的想象力的培养,经常向她讲一些事物或知识,让她据此进行想象,并把自己想到的情境和世界描述出来。久而久之,不仅增强了她的音乐、美术鉴赏能力,也扩展了她的知识面,使她的想象力更丰富。

在生活中,不少孩子的想象力都比较匮乏,想象空间也比较小。这种现象的存在主要是由于一些孩子觉得学习成绩与想象力无关,平时只注重寻求所谓标准答案；还有一些孩子则把想象看成一件很难的事，不能形成发散性思维，想象时不懂得寻找依据，过于空泛，时间长了，便会觉得想象很难做到，甚至产生放弃心理。这些都不利于孩子想象力的发展和创新能力的培养，也不利于孩子提高学习效率和自身能力。

对此，家长要引起足够重视，在生活中要引导孩子进行想象。比如鼓励孩子描述自己想象到的世界，以此提高孩子的想象能力。可以用一些因素来刺激孩子，激发孩子的想象力。当孩子在想象的过程中遇到困难并且觉得无从下手时，家长要保持耐心，引导孩子从"小"到"大"，一步步地进行想象和扩展，然后把想象到的描述出来。时间长了，孩子的想象力、语言组织能力都会得到提高，这对于孩子的成长和发展来说都是很有利的。以下建议供家长参考。

1. 让孩子根据目前的发展想象并描述未来的世界

在平时的生活中，家长可以让孩子根据目前的发展，想象并描述未来的世界。可以让孩子写一些科幻文章，或是直接描绘。如果孩子没有头绪，可以让孩子参考一些科幻小说和电影，但要注意不要让孩子的思维因此受到局限，要鼓励孩子独立思考和想象。

想象的基础是知识。要想训练孩子的想象力，让孩子能够想象出未来的事物，家长平时就要多给孩子讲一些现状及发展。比如给孩子讲一讲科学知识和发展趋势，给孩子讲一些与环境保护相关的现状。这样既增加了孩子的知识，又扩大了孩子的想象空间，使孩子在想象时有更多的角度和依据。

2. 让孩子根据掌握的知识描述过去的世界

家长可以带孩子到博物馆去参观那些古人用过的器具，让孩子通过那些来想象古时候人们的生活；平时也要多给孩子讲些历史知识，或是让孩子多读些史书，看些相关节目，既增长了他们的历史知识，又为他们的想象提供了"资本"。比如可以让孩子通过一些与恐龙有关的知识还原它们当时的生活，等等。家长要鼓励孩子把自己想象到的过去的生活描述出来，尤其是一些细节，也可以让他们写些相关的文章和故事。

3.根据画面、文章想象其背景

除了想象未来或过去的生活之外，在平时的生活中，家长还可以通过让孩子在音乐、画面中进行想象来提高想象力。比如，可以让孩子欣赏音乐并描述自己想象到的画面以及音乐创作的背景；可以让孩子欣赏画作，并还原当时的生活。在孩子看书时，可以让孩子根据文章想象其生活全景及作者的创作背景，还可以让孩子把一些情节画出来。这些都能促使孩子充分发挥想象力。

4.写作时，情节的描写要细致真实

孩子的写作过程对想象力也有较高的要求，家长可以据此来通过写作提高孩子的想象力。比如当孩子描写景物时，要让孩子静下心来，先在脑海中形成画面，再用生动的语言描写出来，这就需要孩子在平时的生活中多去观察；在写记叙文时，尤其是一些比较重要的情节，要让孩子把它们放到现实生活中，仔细斟酌，形成画面，再用语言描写出来，要细致真实。这样做不仅可以提高孩子的想象力，还可以让孩子写出的文章生动真实，可读性更强，从而写作水平得到提高。

引导孩子在阅读中放飞想象的翅膀

雨涵自从升入五年级后，语文成绩就开始下降，总也得不到提高。

期中考试时，她的语文成绩甚至刚刚及格。这让她感到很失望。

雨涵沮丧地回到了家。妈妈看她没精打采,便问她是怎么回事。雨涵告诉妈妈,自己的语文成绩很不理想,自从升入五年级后就一直得不到提高。妈妈赶忙拿过她的卷子来看。妈妈发现,雨涵成绩不高主要是因为在阅读和写作上丢了太多的分。她的阅读题做得乱七八糟,大多是因为没有读懂题意而出错的。作文就更不用说了,不仅有不少语法错误,很多情节、场景的描写读起来不连贯、不真实。这篇作文要求想象并描写没有电脑的生活,可是雨涵写得没有一点新意,可以看出她的想象力比较匮乏。

妈妈决定从阅读入手培养雨涵的想象力。妈妈告诉她,阅读时不能不假思索地读完即可,在阅读的过程中,要根据一些关键词或情境描写来进行想象,在头脑中形成画面。读完一篇文章后,要根据文章中描写的情节、背景等方面来总结出人物的性格和形象,还可以把他们画出来;有的文章中有插图,也要据此展开想象,还原情境;有的文章属于开阔式结局,要自己进行想象,有时还可以写成一篇后续。

雨涵听从了妈妈的建议。在阅读的过程中,她总会充分发挥自己的想象力,争取在脑中形成画面。写作文时也是如此,先形成画面,再用语言描写出来。不仅如此,她还经常看一些根据小说改编的电影,看是否与自己想象的一样。渐渐地,她的阅读能力得到了很大的提高,文章都能读懂了,题目也能很好地完成;她的写作水平也得到了很大提高,文章读起来总是让人仿佛身临其境,还在作文竞赛中获得了三等奖。她的语文成绩也取得了很大进步。

由于缺乏想象力,雨涵在阅读和写作中都遇到了问题,成绩得不到提高。在妈妈的建议下,她通过在阅读的过程中展开想象,深入理解了文章和

◎ 第五章　家长应悉心培养孩子的想象力

题目，阅读理解能力和写作水平都得到了提高，成绩也取得了进步，想象力得到训练。

在生活中，很多孩子都像案例中的雨涵一样，不注重想象力在学习中的运用，在阅读的过程中，总是把文章读完就去做题，没有通过其描写想象情境，对文章没能做到深入理解，题目便不容易做对。这还会影响到他们的写作，会导致他们写出来的文章不真实、不连贯，缺乏想象力，没有新意，可读性不强。长期如此，孩子的成绩就会受到影响，难以得到提高，想象力也得不到培养和发展。

因此，在孩子的学习过程中，家长要让孩子充分发挥想象力。尤其是在阅读和写作的过程中，一定要让孩子通过想象在脑海中形成画面，深入理解文章，细致描写场景。只有这样，想象力才能得到运用和发展。从长远来看，这对孩子将来事业的发展也是很有好处的。以下是一些供家长参考的建议。

1.通过动词、形容词等关键词来想象情境

家长要告诉孩子，在阅读的过程中，不能读完即可，要边读边想象其所描写的场景，尤其是一些动词、形容词等，这些都是文章的关键词，要重点理解并通过它们进行想象，比如"跳""笑""高兴的""失落的"，等等。通过这些词进行想象，可以在脑海中形成画面，就会对文章的理解更加深入，想象力也能得到训练和发展。此外，一些标点符号的使用也能帮助孩子理解人物，想象情境并对文章进行分段。

2.对结局要进行联想

在阅读的过程中，有时会遇到一些没有直接说明结局的故事，给孩子留下想象的空间。这种结尾本身就值得孩子去体会，它能帮助孩子更深入地理解文章主题。家长要鼓励孩子根据全文自己想象结局，有时还可以进行续写或改写。家长要告诉孩子，想象时不要给自己设限，要敢于有与众不同的设想，但同时也要考虑到文章中给出的线索和背景，不能凭空猜测和臆想。

3. 根据插图进行想象

在阅读的过程中，家长要培养孩子发挥的能力，有的文章中附有插图，这可以帮助孩子深入理解文章。对此，家长要告诉孩子，在阅读的过程中不能忽视插图，要认真观察插图，尽量获得更多的信息。这些插图往往是重点内容或情节的直观展现，通过它们进行联想，孩子对文章的理解会更深入全面，做起题来能够得心应手，想象力也能得到很大的提高。家长也可以让孩子看一些根据小说改编的电影，看与自己读小说时的想象有什么不同。

4. 根据文章刻画人物形象

文章中人物的语言、动作、表情等的描写，是为刻画人物形象服务的。家长要告诉孩子，阅读时要注意那些对人物的描写，不管是直接描写还是通过一些情节展现出来的，都要在心中刻画出人物形象，对人物有一个全面的了解。比如在学习《范进中举》时，孩子要通过那些描写在心中刻画范进这个人物形象，试着想象范进的心境和感受，这对理解文章主题有很大帮助。久而久之，想象并刻画人物形象不仅能帮助孩子深入理解文章，提高阅读理解能力，还能对孩子有所启发，从文章及其人物中学到些东西，想象力也会更加丰富。

5. 阅读时要学会独立思考

很多孩子都有做阅读题目时，总是参看标准答案，并用其思路去理解文章的习惯。一旦自己的理解与标准答案不一样，便会认为是自己错了。家长要告诉孩子，在阅读的过程中，一定要养成独立思考的习惯，不要轻易对自己设限。要勇于给出自己的见解并按自己的理解进行想象。当然，对文章的理解不能过偏，要在一定的范围内展开想象。这会让想象力得到较大提高。

第六章
提高动手能力有助于开发孩子的智力

◎ 第六章 提高动手能力有助于开发孩子的智力

提高孩子的动手能力，让孩子更加聪明

小志是个小学三年级的学生，他从小就比较懒惰，不喜欢运动。由于家长的宠爱，他在家里也没做过家务，通常都是饭来张口、衣来伸手。因此，他的动手实践能力比其他孩子差很多。

有一次，小志的爸爸买了一个很精致的折叠椅子，爸爸担心小志不会打开，就告诉了他打开的方法。可是，小志并没有认真听爸爸的讲解，当爸爸说完之后让他动手打开椅子的时候，小志说："我已经会了，不用动手了。"说完小志就去做其他事情了，爸爸虽然知道小志不喜欢动手实践，但是也没有督促他，小志的动手能力也就很少得到锻炼。

在一节美术课上，老师教大家剪纸。其他的孩子在学习之后都有自己的想法和创意，并且能很熟练地用剪子剪出各种又好看又有创意的剪纸作品。可是，小志在做这个作业时就没有那么得心应手了。他只能用剪子剪一些老师示范过的、比较简单的图案。

不仅如此，小志的手还非常笨，掌握不好剪纸的比例。其他同学剪的作品都是对称的，非常美观。而小志的剪纸就很粗糙，完全不像是他这个年龄段孩子的作品。让家长苦恼的并不是小志的动手能力，而是他的学习成绩。

小志的学习成绩一直都不好，反应慢，学习能力差。因此，家长就认为小志的智商不如别人。小志也同样认为自己的智商不如别人，因而产生了很深的自卑感。

孩子的智商发育分为两种，一种先天的发育，一种是后天的培养。一般来说，后天的智力锻炼对孩子的影响更大一些。孩子多动手、勤思考才能使智力和思维得到锻炼，从而达到开发智商的目的。案例中的小志是个比较懒惰、不喜欢动手实践的孩子，他的智商没有得到有效开发，从而导致他在做手工时比其他孩子笨拙，学习能力也不如别人。

动手能力并不是指单纯的活动手的能力，而是孩子的实践能力、表达能力、反应能力等综合能力的总称。动手能力强的孩子会比其他孩子的思维更加活跃，反应更加迅速，实践更加优秀。因此，家长要着重培养孩子的动手能力，从而开发他的智商。

有些孩子并没有深刻认识到动手能力对自己的作用，缺少动手实践的意识；有些孩子对动手能力的认识不全面，因而无法达到理想的有效的锻炼；还有些家长对孩子的实践行为不给予支持，反而阻止孩子进行相关的活动，导致孩子的动手能力得不到应有的锻炼。因此，这些孩子的智商和实践能力也就无法和那些动手能力强的孩子相比。

由此可见，孩子的动手能力对其智商的开发有很大的促进作用。家长要支持并且鼓励孩子进行相关能力的锻炼，而不是阻碍他们。不仅如此，培养孩子动手能力的方法也要得当，否则就会适得其反。以下方法供家长参考。

1. 让孩子养成勤动脑、多动手的好习惯

大脑的反应能力和手的实践能力是孩子动手能力的重要组织部分，当孩子的这方面能力得到锻炼后，思维就能更加活跃，智商也能提高很多。因此，家长要让孩子从小养成勤动脑、多动手的好习惯，这样才能让孩子的动手能力得到培养和提高。

案例中的小志是个很不愿意动手的孩子，当爸爸教他折叠椅子的打开方

◎ 第六章　提高动手能力有助于开发孩子的智力

法时，他不愿意动手实践。孩子懒惰的坏习惯的这个现象对学习很不利，这样的孩子在听老师讲课之后不爱动脑思考，因而对老师所讲的内容不能消化理解，也就无法运用到做题当中。但是，如果孩子勤于动脑，加之动手能力得到锻炼，那么他的学习和适应能力就能增强，从而很快消化和吸收老师讲的知识，变得更加聪明。

首先，孩子从小要养成勤动脑、多动手的习惯。如果孩子从小就懒惰，不愿意动脑动手，家长就不能坐视不理，而是要培养孩子相关的能力。比如，家长可以经常问孩子为什么，让他学会思考问题。孩子自己的衣物、书包等要学会自己整理，这样就能让孩子不再懒惰，家长对于孩子的点滴进步要及时表扬，使孩子有动脑动手的动力。

其次，给孩子创造动手、动脑的机会。在孩子小的时候，家长可以在家庭条件允许的情况为孩子提供一些动手、动脑的机会，比如，给孩子买一些益智类玩具，教他们画画、折纸等有益的游戏、活动。

最后，帮孩子找到实践的乐趣。家长不能总让孩子被动地参加一些动脑动手的实践活动，而是要让孩子自发地进行相关的活动，这样才能取得事半功倍的效果。因此，家长既要引导孩子，又要帮助孩子找到活动的乐趣，这样才能让孩子开开心心地通过提高动手能力开发智商。

2. 鼓励孩子多进行集体实践活动

孩子在集体活动中所学到的知识是他在家里学不到的，通过和其他孩子的相处与合作，孩子的动手能力能够得到更大的提高。比如，和同学交友能促进孩子的交际和表达能力，与同学合作能培养孩子的执行力和实践力等，这样的活动对提高孩子的动脑动手能力有很大的帮助。

小顺是一个很愿意参加实践活动的孩子，他的家长经常带他去参加夏令营，或者和其他的家长一起组织孩子进行一些有意义的活动，比如，拔河比赛、足球赛、跳大绳比赛、亲子对抗赛等。通过这些活动的锻炼，小顺和这些孩子的动手能力都得到了很大的提高。相比其他孩子来说，小顺的思维更加活跃，实践力也更强。

由此可见，在集体的实践活动中，孩子的思维和实践能力都能得到很大的提高。孩子经常参加这些活动，那么他的动手能力就会比其他孩子更强，从而使孩子的学习能力和智力都有所提高。

孩子爱发明创造，智商提高快

小董是个四年级的孩子，他从小就喜欢玩玩具，只不过他玩儿玩具的方法和其他孩子的方法有很大的差别。其他小朋友都在玩儿家长给他们买的玩具，而小董却喜欢自己做玩具。小董的做法让家长高兴，并且很支持他的行为。

小董的与众不同，让他的思维能力得到很好的锻炼，他在思考问题时总会比其他同龄孩子更加深刻，而且总是能想到其他孩子想不到的方法。但是，他也因为自己的小发明而对身体造成了一些伤害，惹得家长大发雷霆。

有一年冬天，下了好厚的雪，小董想到了一个好玩儿的点子。他跑到厨房拿了两个妈妈刚买回来的塑料盆，然后又拿了两把拖布就出门了。他找到一个带有坡度的路面，把盆放到地上当作滑雪板，用拖布杆当雪橇杆，制作了一个简单的滑雪工具。

◎ 第六章 提高动手能力有助于开发孩子的智力

　　小董制作成功后的试滑效果特别好,他高兴极了,而且很自豪。他的这个小发明虽然好,但是缺少很多的保护措施,有很大的危险性。就在小董玩儿得兴起时,他突然被埋在雪下的石头绊倒了,由于塑料盆受冷容易破裂,导致他摔倒在地。他的手被塑料盆划伤了,膝盖也重重地磕到了地上。

　　小董的家长知道后就严厉地批评了孩子,并且后悔没有正确引导孩子的发明行为,才导致这件事情的发生。

　　经常进行发明创造有助于提高孩子的独立思考能力,锻炼孩子的思维能力,从而提高智力。但是,孩子在进行发明创造时需要家长的鼓励与引导,否则就会使孩子容易受到伤害。小董的家长虽然支持孩子发明创造,但是由于没有合理引导的孩子,导致小董在滑雪时受到了伤害。

　　孩子的成长需要家长细心的呵护与引导,如果家长在孩子遇到危险之后才明白这个道理就为时已晚了。尤其是孩子在进行发明创造时更需要家长的指导,否则就会因为孩子的无知以及对事物的不了解,而对自己产生伤害。

　　家长不支持孩子进行发明创造的原因有很多,比如,有些家长认为,孩子进行发明创造会导致他们无法专心听讲,整天都想着发明创造从而影响学习。又有些家长认为,孩子进行这些发明创造纯粹是为了玩儿,没有其他的实际意义。甚至还有些家长总是替孩子完成一些孩子力所能及的事情,导致孩子的操作能力和思维都得不到锻炼。这些现象都是家长对孩子进行发明创造的认识不深刻所造成的片面的想法和做法。

　　孩子进行发明创造的好处不言而喻,如果家长不支持或者阻挠孩子进行发明创造,就会让孩子缺少一个锻炼思维、提高智力的机会。因此,家长要学会支持和引导孩子进行发明创造,这样才能让孩子在安全的条件下进行发明,有助于他们的智力发育。以下方法供家长参考。

1.培养孩子的发散性思维

一般能够进行发明创造的孩子思维都很活跃，在思考问题时会比其他孩子想得更加全面，并且想象力极其丰富。因此，家长在鼓励孩子进行发明创造时，需要先培养孩子的发散性思维，这样才能让孩子想出更多有创意的发明。

首先，家长要提高孩子的观察能力。观察生活中的事物变化是孩子进行发明创造的源泉，只有善于观察，才能让孩子看得多、想得多，激发孩子的灵感，从而达到发散思维的目的。

其次，培养孩子的联想能力。当孩子学会观察之后，就需要对自己所观察到的事物进行联想。这样才能让孩子的思维得到更深一步的锻炼。

最后，让孩子学会多思考问题。家长在教育孩子时，仅让孩子善于观察、学会联想是远远不够的。只有让孩子学会学以致用，才能让孩子的思维更加发散。因此，家长要让孩子善于想象，善于思考。在遇到问题时尽量多想一些解决方法，这样会帮助孩子提高大脑的灵活度，让孩子更加聪明。

2.科学地引导孩子进行发明创造

孩子在进行发明创造时会遇到很多的困难与疑惑，家长在这时就应该用科学的方法引导孩子，否则就会增加孩子由于无知而产生危险的可能性，甚至会对孩子造成伤害。案例中小董的家长就没有科学地引导孩子进行发明创造，也没有给予指导。当孩子因为发明而闯祸时，只会给孩子严厉的批评。这样的教育方式不仅不能让孩子有安全防护的意识，还会打击孩子进行发明的积极性。

因此，家长要学会科学地引导孩子进行发明创造，从而达到开发孩子智力的目的。首先，家长要经常鼓励和引导孩子。孩子在发明时会遇到很多挫折，有些时候也会搞一些小破坏。这时家长不能一味地批评孩子，而是要给孩子讲道理，及时地鼓励、帮助孩子，增加孩子的自信心。然后，在必要的时候点拨孩子几句，从而减少孩子所犯的错误。

其次，家长要尽量陪孩子一起完成发明。陪同孩子一起发明并不是说代替孩子，而是起到一个监督和保护的作用。这样才能在孩子因为无知而做一些危险事情时，家长能够及时地阻止他们，并且告诉孩子正确的做法，从而保障孩子的安全。

3. 让孩子学会在发明中学习知识

有些家长认为孩子发明创造就是换了一种玩儿的方式而已，其实，这种思想是错误的。鼓励孩子发明创造并不是为了让孩子发明出很有意义的东西，而是让孩子在这个过程中锻炼自己的思维能力，从而学到更多的知识，达到提高智力和动手能力的目的。

因此，家长要让孩子懂得，发明创造的结果并不重要，重要的是动手实践的过程。只要让孩子学会坚持，学会思考，学会亲手实践，那么这个过程对孩子的智力开发就会有很大的帮助。

新颖的劳动方式有助于孩子提高智商

小牛是个内向的孩子，他不爱说话，也不爱运动。小牛的家刚刚搬到一个新的小区，他和这里的孩子都不认识，因此，他每次放假的时候都会把自己关在家里，很少出去玩儿。小牛的家长对他呵护有加，从来都不用他做家务活。他平时也很少动，偶尔看看书，听听音乐，是个非常老实的孩子。

由于小牛的生活经历少，因此，他在学习时的适应能力就没有其他同学高。有一年冬天天降大雪，学校里积了很多雪，老师就带着大家去除雪。这些孩子虽然刚上初中，但是他们的力气都已经很大了，干活的速度非常快。

小牛并没有接触过类似的劳动，他在干活时比其他人笨拙，尤其是不会用扫帚扫雪。有些同学干过农活，做过劳动，因此他们对扫帚并不陌生。通过他们的指导，很多同学都知道使用扫帚的技巧了。

小牛和同学们一起学习使用扫帚，可是他却无法掌握窍门，导致他只好用蛮力扫雪，累得筋疲力尽了也没有其他同学的速度快。这次的扫雪小牛虽然比不了其他同学，可是在又一次的劳动中，小牛就逐渐找到了一些窍门，并且比第一次更会干活了。

从那以后，小牛比以前更喜欢集体劳动了，他的劳动能力提高很多，学习新知识时也更有效率了。

有些家长认为孩子的学习能力低是因为他的智商很低，其实这些看法是片面的。案例中的小牛就是一个学习能力很低的孩子，他在学习新事物时总会比别的同学要花费更长时间，做事的时候也不懂得如何变通，是个缺乏生活经验的孩子。

但是，通过小牛在学校的劳动和生活，他逐渐积累了生活经验，从而使他的动手能力有所提高，学习成绩也提高了。这就说明孩子学习东西慢并不是因为智商低，而是他的生活经验少，接触的新鲜事物少，不懂得学习的窍门才导致他接受知识的效率低。

现在的孩子都备受家长的关爱与保护，尤其是住楼房的孩子，家长担心孩子出意外，因此就会阻止孩子出去玩儿。孩子缺少和小伙伴一起玩耍的快乐，生活就会很单一。由于孩子接触的新颖事物少，就会导致孩子在学习或者生活中的适应能力差，也就影响了智力发育。

第六章 提高动手能力有助于开发孩子的智力

孩子的智商并不是一成不变的,多让孩子接受新颖的事物,那么智力和思维就会随着生活阅历的增加、知识量的增多而提高,从而变得更加聪明。因此,家长要尽量多给孩子接触新事物的机会,从而帮助孩子提高智力。以下方法供家长参考。

1.培养孩子适应新事物的能力

孩子在成长的过程中会接触很多陌生的事物,有些孩子能很快地适应新鲜事物,而有些孩子则无法适应。比如,当孩子学习新知识时,有些孩子能很快消化理解,并且能很熟练地运用到解题当中。而有些孩子则怎么学都不会,就更不会运用了。

如果孩子的适应能力差就会影响学习能力,也就无法让孩子适应各种丰富多彩的生活。这些孩子的接受能力差并不能说明孩子的智商低,而是孩子的适应能力没有得到锻炼。因此,家长要培养孩子的适应能力,丰富孩子的生活,这样才能让孩子的思维更加活跃。

首先,让孩子用勇敢、积极、乐观的人生态度生活。适应能力差的孩子往往都是比较内向、比较胆小的孩子。他们怕陌生人、怕陌生的环境,不敢于表现自己。因此,他们在遇到新鲜事物时总是缩手缩脚。这时,家长就要给孩子鼓励,让孩子的生活态度更加乐观、积极。这样才能让孩子勇于接受新鲜事物,思维才能不被束缚。

其次,给孩子营造良好的家庭氛围。一个孩子的成长与他的家庭氛围是密切相关的,如果孩子经常在家里待着,很少出去见世面,那么他的接受新鲜事物的能力就会停滞不前。因此,家长要多带孩子出去走走,给孩子树立一个勇于接受新鲜事物的榜样,有了这样的氛围,孩子的适应能力才能得到锻炼。

2.通过劳动锻炼孩子的动手能力

有很多孩子都很会干家务或者会干农活,他们的动手实践能力一般比那些不干活的孩子要强很多。孩子的动手能力并不需要家长刻意培养，而是在干活时就能很自然地学会了。因此，家长要让孩子学会劳动，从新颖的劳动中提高自己的动手能力。

小琪的爸爸开了个汽车修理部，在平时，小琪在课余的时候就去店里玩儿。有些时候爸爸忙不过来就让小琪帮忙打下手，小琪也因此学习了很多东西。由于小琪经常帮爸爸干活，他的动手实践能力就很强。

有一次，学校老师给同学们展示会动的大型机器人手臂。可是，当同学们到实验室的时候，这个机器人手臂还没有安装好。就在其他人都在旁边等待的时候，小琪很熟练地帮助老师组装上了机器人手臂，让老师和同学们对他都刮目相看，都夸他聪明。

其实修理汽车和组装机器人的某些原理都是相通的，如果小琪没有帮爸爸干活的经历，那么他就无法懂得组装机器人手臂的方法。因此，让孩子多接触一些新颖的事物能使他思维更加发散。生活经历对孩子的成长有很大的帮助，当孩子多劳动干活时，动手能力就能得到锻炼，智商也能随之升高。

让孩子在游戏中提高动手能力

小薛是个三年级的学生，家长对他的教育很严格，不允许他玩儿游戏，也不愿意让他出去和其他小朋友一起玩儿。小薛的反应能力比较

◎ 第六章 提高动手能力有助于开发孩子的智力

慢,当他新接触一些知识后都需要消化一些时间才能理解。因此,小薛的成绩一直都不优秀。

有一次,小薛放暑假了,妈妈带着他去了乡下的奶奶家。在乡下生活的小朋友都很欢快,他们在一起玩儿得有说有笑,小薛想和大家一起玩儿,可又担心妈妈不让。这时,有小朋友邀请小薛一起出去玩儿,妈妈也不好不让他去,小薛终于如愿以偿地玩耍了。

来到乡下的小薛对一切都很陌生,也感觉这些都很有意思。

有个朋友说:"咱们去捉蜻蜓玩儿吧,自己捉自己的,等一会儿比谁抓得多。"

小薛听到这个提议后很兴奋,那个小朋友说完之后,大家就各自去抓蜻蜓了。可是,小薛却是一头雾水,他从来都没有捉过蜻蜓,也不知道应该如何捉。这时,有一个小朋友看到小薛还在原地待着没动,就走过来说:"你怎么还在这儿啊?再不去捉蜻蜓,你可就要输了。"

小薛说:"这里没有工具,怎么捉啊?"

小朋友说:"你好笨啊!没有工具你可以自己做啊,自己琢磨啊!"

说着,小朋友就带着小薛去找了一根分叉的树枝。然后他拿着这根树枝去找蜘蛛网,把蜘蛛网都缠到树枝上。然后对小薛说:"用这个就能捉蜻蜓了。"

小薛拿着这根自制的工具真的捉了很多蜻蜓,这让他非常高兴。小薛心想:我怎么这么笨啊,我怎么就没想到原来工具还可以这么做啊!

在乡下的经历对小薛影响很大,和小朋友们相处的时间虽然不多,但是小薛却学到了很多知识,不仅动手实践能力提高了,他的思维也更加发散了。

现在的家庭一般都是独生子女或者有两个孩子，家庭条件也越来越好，家长能把大量的时间和精力用在教育孩子上，孩子所受的家教也就越来越严格。有些家长担心孩子玩儿游戏或者和伙伴出去玩儿会耽误学习，有些家长担心孩子照顾不好自己有危险，因此，很少让孩子参加游戏活动，也就阻碍了孩子智力的发育。

案例中的小薛就是个很少和伙伴们玩儿，很少玩儿游戏的孩子，这就导致他在乡下和小朋友们玩儿的时候笨手笨脚，什么都不会。但是在和伙伴们的玩耍过程中，小薛学到了很多东西，人也变得开朗了，思维也活跃了许多。像小薛这样的孩子由于缺乏动脑和动手的机会，学习能力也就不会太好。

游戏活动不仅指孩子打游戏机，玩儿电脑游戏，它还包含了各种有益的活动。比如，下棋、积木、七巧板等益智类游戏，跳绳、踢球等游戏活动等。这些游戏活动有单人的，有集体的，无论是哪种游戏活动都能帮助孩子提高动手和思维能力，能让孩子在玩耍的过程中，勤动脑、多动手，从而达到开发智力的目的。

由此可见，家长要正视游戏对孩子成长的影响，在给孩子进行安全教育和避免玩儿游戏上瘾的前提下，鼓励孩子多进行游戏活动，从而培养孩子的手脑反应能力。以下方法供家长们参考。

1. 鼓励孩子多参加集体游戏活动

孩子和伙伴们玩耍是个手脑并用的过程，比如，孩子们在跳大绳时，首先要在大脑做出迅速反应，把握上去跳的时机，然后手脚迅速做出反应，最终完成跳跃。这个过程就能锻炼孩子的思维和反应能力，当孩子经常参加类似的集体游戏活动时，就能提高他的能力，从而提高智商。

◎ 第六章　提高动手能力有助于开发孩子的智力

案例中，小薛的家教一直很严格，妈妈反对他出去和伙伴玩儿，他自己在家里也很少玩儿益智类游戏。因此，他的学习能力和反应能力都没有得到锻炼。当小薛到乡下和小朋友们玩儿的时候就没有他们经验丰富，在思考问题时更没有他们想得全面了。

当小薛和小朋友们玩儿了一段时间后，他的动手能力就得到了很大的提升。他不再像以前那样什么都不会做，思维也比之前活跃了。回到学校之后，小薛的各方面能力都得到了提高，学习成绩也会得到提高。

由此可见，家长并不一定要刻意地锻炼孩子的某些能力，而是要鼓励孩子多参加一些集体游戏活动，孩子的动手能力在游戏的过程中就能得到很好的锻炼。

2.教孩子一些益智类的游戏

益智类的小游戏可以提高孩子的动手能力，让他的思维更加活跃。不仅如此，益智类游戏还有独特的魅力，能够让孩子更加专注地钻研，培养各方面的能力。因此，家长要改变对游戏的一些看法，引导孩子玩儿一些益智类游戏，让孩子在玩耍的过程中提升动手能力。

小雪是个很聪明的孩子，她之所以这么聪明，是因为在小的时候得到了很好的教育。小雪很小的时候，家长就鼓励她玩搭积木的游戏，从而达到了锻炼智商的目的。

起初，小雪不愿意搭积木。妈妈为了让她喜欢游戏，就和她一起玩儿，教她一些比较有意思的玩法，小雪也逐渐找到了搭积木的乐趣。从那以后，小雪对积木游戏情有独钟，她的思维和动手能力都得到了锻炼，能搭出越来越有创意的模型了。

在案例中，小雪的家长就没有刻意地对孩子进行提高智力的训练，而是让孩子在玩耍中成长。搭积木游戏不仅让小雪的动手能力得到了培养，还让她找到了游戏的乐趣，学会了思考问题，增加了她的专注力，可谓是一举多得。

因此，家长在教育孩子的过程中，也可以用类似的方法，多让孩子在玩耍中成长。从而达到动手、动脑，提高智商的目的。但是，事情都具有两面性，游戏能让很多孩子上瘾，从而影响他们正常的学习活动。家长在教育孩子时，要着重引导孩子，避免孩子出现玩物丧志的倾向。

让孩子在"搞破坏"中提升智力

小爽现在已经上初中二年级了，他从小就是一个喜欢调皮捣蛋的孩子，家长没少因为他调皮而责备他。家长对小爽的教育虽然严格，但是他的性格丝毫没有改变，就算上初中了也比同龄孩子活泼、好动。

小爽的好奇心和求知欲都比其他孩子要强许多，他很喜欢问为什么，对一些他不清楚的事情总喜欢把它弄懂学会。他求知的欲望是好的，可是，有些时候他为求结果不计后果的毛病可让他得到了不少的教训。

有一次，他在一次期末考试中取得了很大的进步，爸爸为了鼓励他，就给他买了一架遥控飞机。这架遥控飞机让小爽爱不释手，每天都会玩儿很长时间。可是没过几天，小爽就有些玩儿腻了，他就开始琢磨飞机能飞的原因。

◎ 第六章 提高动手能力有助于开发孩子的智力

小爽看飞机的外表摸不出什么门道，于是，他决定要把飞机拆开。有了想法之后，小爽找到工具就开始拆飞机。很快，半天的时间就过去了。小爽把飞机大卸八块之后也没找到他想要找的结果，无奈之下，他只好把飞机重新组装起来。

但是，令小爽没想到的是，当他组装成功之后，飞机居然无法飞行了。他再次把飞机拆开重新组装，可是飞机依然不能飞。无奈之下，小爽只好把这件事情告诉了爸爸，爸爸听到之后很生气，严厉地斥责了小爽，并且告诉他不准再玩儿飞机了，以后也不给他买了。

小爽像这样搞"破坏"的事情有很多，每次爸爸知道他搞"破坏"之后都会很严厉地责备他。久而久之，他再也不敢随意拆卸物品了，他的求知欲也随之降低了许多。

有很多孩子在成长的过程中都会因为自己的"破坏力"而遭到家长的责罚，这些家长在教育孩子时不能正视孩子的"破坏力"，也就无法给予孩子科学的教导。当家长用不恰当的方法教育孩子时，就会对其产生一定的影响。小爽就是一个很爱"破坏"的孩子，其原因是他有很强的好奇心和求知欲。可是，他的家长并没有正确地引导他，而是盲目地给予批评，导致小爽的求知欲下降很多，以致影响他智力的发育。

有些家长不希望自己的孩子不听话，不喜欢他们"搞破坏"。但是，并不是所有孩子都能具有"破坏力"的。这些孩子具有"破坏力"，是因为他们对自己未知的事情有很大的好奇心，并且更加大胆、有主见。这样的孩子在长大以后遇到困难时，会比其他孩子的思维更加发散。他们一般都具有很强的实践能力，以及很强的执行力。

当然，事无绝对，具有"破坏力"的孩子也会有很多的缺点，比如，他们不听家长的管教，做事不计后果等。这时，家长不能一味地批评孩子，而是要引导孩子正确地认识自己的错误。这样才能让孩子更加健康地成长，并且能让他在"破坏"中达到锻炼智商的目的。

综上所述，当孩子具有"破坏力"时，家长对孩子的引导至关重要。家长要正视孩子的"破坏力"才能让孩子在"破坏"中学到知识，变得更加聪明。以下方法供家长参考。

1. 如何正视孩子的"破坏力"

有很多孩子在小的时候都有"破坏力"，他们对一些新事物，或者对一些自己不理解的事物很好奇。为了研究这些东西，弄清楚一些自己想知道的答案，心血来潮地做出一些与家长的意愿相违背的事情。这时，家长要给予孩子正确的引导，正视孩子的"破坏力"才能让孩子从中吸取经验，从而提高智商。

首先，有"破坏力"说明孩子动手能力很强。有些孩子想要"搞破坏"都不知道该如何下手，而有些孩子不用教就能做出一些具有"破坏力"的事情。就像案例中的小爽一样，他能把遥控飞机拆了，然后重新组装，这样的动手能力是一般的孩子无法达到的。

其次，有"搞破坏"的想法说明孩子的思维非常活跃。以小爽为例，一般的孩子在得到遥控飞机之后都会想着如何操控飞机飞得更高，做出更多的花样等。但是，小爽除了有这些想法之外，还能想到把飞机拆开，并且能凭借自己的想象和记忆把它重新组装，这就说明了小爽的思维比一般的孩子要活跃许多。

综上所述，家长应该正视孩子的"破坏力"，而不是以偏概全，责备孩子的过失。这样的做法会打击孩子求知的积极性，影响孩子的智力发育。因此，家长要学会正视孩子的"破坏力"，正确地引导孩子成长。

2. 家长要学会满足孩子的求知欲和好奇心

一般孩子拥有"破坏力"都是因为有强烈的好奇心和求知欲，如果家长

◎ 第六章 提高动手能力有助于开发孩子的智力

不满足孩子的这些心理要求，孩子就会继续搞一些"破坏"。因此，家长要学会如何满足孩子的好奇心和求知欲，才能让孩子也学会用正确的方式满足自己的好奇心。

首先，家长要让孩子知道不让其"搞破坏"的原因。有些孩子在"搞破坏"之后并不清楚自己究竟犯了什么错，才会导致孩子再次"搞破坏"。这时，家长就要耐心告诉孩子做错事的原因，这样既不能打击孩子的求知欲，还能避免孩子再次犯错误。

因此，家长要先让孩子懂得，责备孩子是因为孩子在没有经过家长的同意下，肆意地做一些损害家庭和他人利益的事情。然后再告诉孩子，好奇心可以有，但是遇到不明白的问题应该先问家长，得到家长的允许之后才能做。

其次，满足孩子的求知欲和好奇心。当孩子明白家长责备他的原因之后，家长就要满足孩子的好奇心。这样做可以让孩子得到他想知道的答案，当他的好奇心得到满足之后，就能避免他再犯相同的错误了。不仅如此，当孩子再遇到这样的问题时，也会欣然地和家长说，然后寻求解决的办法，从而避免孩子再次"搞破坏"。

以小爽为例，家长在得知他重新组装的飞机无法飞行之后，要先给他讲道理，告诉他不应该这么做。然后再带着孩子去卖遥控飞机的地方，让专业人员当着孩子的面修理飞机。这样既能满足孩子的好奇心，也能让孩子从中学到很多知识，可谓是一举多得。

第七章
孩子语言能力的提高
需要在生活中
长期积累

◎ 第七章　孩子语言能力的提高需要在生活中长期积累

家长要重视培养孩子的幽默感

每周的活动课上按照惯例，同学们都用讲故事的方式来放松。最受欢迎的自然就是幽默笑话故事了。

可这个全班同学都期待的时刻，却是小辉最害怕的时候。他似乎就是一个天生没有什么幽默细胞的人，要么就是比别人的感知能力慢半拍，别人听了哈哈大笑的笑话，他半天愣是没有反应，有时候等他回味半天，才会觉得可笑。而让他来讲笑话，那更是强人所难，一样的笑话从他嘴里出来就索然无味，甚至小辉还常常忘词。

又到活动课了，坐在小辉前边的同学走上讲台，对大家说："今天我给大家讲一个笑话。动物们乘船出海，路途无聊，于是轮流开始讲笑话，不过讲笑话也有规矩，就是必须使每个动物都笑出声，如果谁讲的笑话有一个动物没有笑，那么它就要被扔下海里。第一个讲笑话的是水牛，它讲得很搞笑，在场的动物基本都哈哈大笑，可是只有猪没有笑。于是水牛就被扔进了海里。第二个上场的是老虎，它讲了一个很无聊的故事，几乎没有动物笑，但是猪却笑了。大家很奇怪，于是问它为什么现在发笑，它说：'我想起了水牛的笑话。'"

他的话音刚落，小辉的同桌突然语出惊人："嗨，这不跟我同桌似的嘛！"

"哈哈哈！"大家一听这话，原本没那么好笑的笑话反而惹得全班同学笑个不停。不过小辉心里却很不好受。他笑也不是，不笑也不是，一脸的难堪。

可是自己的幽默感很差,这是事实,自己还无能为力,想到这些,小辉的心情更不好了。

案例中的孩子因为自己的幽默感不强被同学取笑,而自己幽默感不强也确实造成了不小的困扰。人们都知道幽默的人在生活中是很有魅力的,跟幽默感强的人在一起会很轻松,压力小,让人笑声不断,这样的交谈也会是很愉快的,那么幽默感是什么呢?幽默是一种特殊的情绪表现。它是人们适应环境的工具,是人类面临困境时减轻精神和心理压力的方法之一,更是一种与生俱来的觉察能力,并有着它特殊的生物性机理与社会作用。俄国作家契诃夫说过,不会开玩笑的人是没有希望的人。幽默感是生活中非常重要的一种情感,它可以帮助人们排遣压力,缓解压抑的心情和气氛,淡化消极情绪,让生活能够充满乐趣,充满阳光。一个富有幽默感的人其人格魅力也会增色不少。他会将他的快乐传递给周围的人,一个幽默的人人缘不会差。一个幽默的人也会是一个聪明的人的,因为幽默感的养成是需要丰富的知识、敏锐的判断的,这当然会铸就一个聪明的大脑。然而幽默感却不是天生就有的。例如案例中的小辉,他就是属于幽默感比较差的孩子。其实幽默感是后天可以培养的,家长也要重视孩子的幽默感的培养,这里有几点建议供各位家长参考,希望能对家长有所帮助。

1.教孩子什么是真正的幽默感

要想让孩子变得幽默,首先家长要明确什么是真正的幽默。人们通常所理解的幽默,就是说话俏皮,容易使人发笑,或者行为搞笑,总之幽默的表现就是让人发笑。其实幽默的内涵不仅仅只有这些。幽默的真正含义是有趣或可笑而意味深长。幽默不是油腔滑调,也非嘲笑或讽刺。正如有位名人所言:浮躁难以幽默,装腔作势难以幽默,钻牛角尖难以幽默,捉襟见肘难以

◎ 第七章 孩子语言能力的提高需要在生活中长期积累

幽默，迟钝笨拙难以幽默，只有从容，平等待人，超脱，游刃有余，聪明透彻才能幽默。所以，幽默是一种智慧，是一种态度，明白了幽默的真正内涵，才有可能学会幽默。

2.教孩子拓宽知识面，为幽默打下基础

幽默是一种智慧，就需要有知识。广博的知识是幽默的基石。拥有知识，也就拥有了丰富的谈资，才能做到旁征博引，从而达到妙语连珠般的效果。渊博的知识也会让人在不知不觉中告别庸俗甚至低俗的趣味，让人的品位变得高雅，在语言中也会透露出一种涵养，这样的幽默是一种正能量，在笑声中传播了知识，体现了文化。在博人一笑的同时又不失风度，所以知识是幽默的基础。要想培养孩子的幽默感，就必须丰富孩子的学识。

3.注意幽默的方式和对象，学会正确运用幽默

幽默是一种特殊的力量，可以缓和紧张的气氛，消除内心的烦闷，但不合时宜和不择方式的幽默同样也可以成为导火线，引爆一个火药桶。所以，正确使用幽默就成了非常关键的诀窍。首先要分清对象，一般来说，对长辈不宜开玩笑，对不太熟悉的人也不适合。其次要看清场合，一些比较严肃的场合和公众场合是不适宜的。还有很重要的一点，就是幽默要以善意为前提，不能用伤害别人来娱乐自己或其他人，比如案例中的小辉同桌同学，本是一个和小辉无关的笑话，但却因他的一句话让小辉成为笑柄，这对小辉的内心是一种伤害，这样的幽默就是不对的。在生活中，人们常常会自嘲。所谓自嘲，是指自己嘲笑讽刺自己的一种策略，也是为人处世的一种方法。这是幽默中很常用而且很有效的方法。家长可以教孩子学习自嘲，它可以体现孩子的大度和乐观。幽默其实也是一种人生态度，是一种积极向上的情绪，幽默也是一种宽容精神的体现。要善于体谅他人，要使自己学会幽默，就要学会雍容大度，克服斤斤计较，同时还要乐观。乐观与幽默是亲密的朋友，生活中如果多一点趣味和轻松，多一点笑容，多一份乐观与幽默，那么就没有克服不了的困难，与此同时，孩子的智商就会得到提高。

让孩子明白：争执无益，有理不在声高

"你看看你，我都说了，肯定不是这样做的！"安静的教室里突然响起川川的声音。

"我也没说你错啊，你何必那么高声呢？一道题而已，不至于吵起来吧？"川川同桌看着川川小声说。"行了，快别吵了，别人都在上自习呢。"

"哼，真笨，我都懒得理你了。"川川扭头做自己的作业，"我再也不和你一起讨论了，笨蛋。"他心想。

仅仅是因为在一道题目上意见不合，川川就和同桌差点吵起来。

川川总是这样，脾气很不好，很容易和人起争执。在家里也是如此，经常和爸爸妈妈吵架。用川川的话说，就是他自己也有点控制不了自己的脾气，常常不由自主地发起火来。

在晚餐时，一家人正在一起吃着饭，妈妈对川川说："这周末你去乡下看看你爷爷吧，你已经很久都没有去了。他今天还打电话问你了呢！"

"我不想去，上了一周的课，我累了。"川川吃着饭，头也不抬。

◎ 第七章　孩子语言能力的提高需要在生活中长期积累

其实他还想利用周末和朋友去打篮球。

"你看看你这孩子，就去一天，看看爷爷吧！"妈妈继续说着。

"我都说了我很累，我不想去，等我放了暑假再去行吧？"川川打断妈妈的话，放下碗，声音顿时高了不少，一脸不快的表情。

"行了，你不想去就不去，声音那么大干什么，这点事还有必要吵吗？"爸爸看着已经有点脸红脖子粗的儿子，觉得他现在脾气越来越不好了，动不动就和人争吵。

"都说了我不想去，你们还说什么啊！好了好了，我不想吃了。"川川说着就起身回房间了。

"哎，你看看这孩子，他现在像什么样子！"

很多孩子都会有跟案例中的川川一样的时期，脾气暴躁，容易和别人起争执。有的孩子天生性格比较急躁，在和别人沟通交流的时候更加容易"发脾气"，有时候这种"发脾气"并非是一种恶意发火，而是一种习惯，在和人交流时不自觉的一种坏习惯。俗话说祸从口出，控制不好自己的脾气可谓是弊大于利。社会经验和阅历不足的孩子如果喜欢逞口舌之快，轻则导致自己人际关系恶化，与别人容易产生矛盾，重则招惹是非，尤其是血气方刚的青少年正处在由儿童向成年人过渡的特殊时期，特殊的心理特点自然就决定了他的处事方式，孩子如果容易与人产生争执，相信所有的家长都不会觉得这是个好习惯，久而久之就会形成一种性格习惯。孩子的这种习惯的养成和家长也是有分不开的关系的。如果孩子在一个充满争执或者容易发怒的环境之中成长，那么必然会受到这样的影响，因为在长期的耳濡目染下，争执在孩子心中也会被当成是解决问题的一种方式。再加上随着年龄的增长，进入青春期后会随着个人意识的增强和叛逆行为的出现，这种特征也会随之越来越明显。俗话说，有理不在声高。争执在很多时候是无济于事的。在问题面前，争执只能加重矛盾，恶化问题，无法解决问题，所以，家长要让孩子明白，争执无益，有理不在声高。遇到问题要思考如何解决问题才是必须要做的。这里有几点建议供家长参考，希望能对各位家长有所帮助。

1. 为孩子做好表率，不给孩子一个"嘈杂"的成长环境

家长有时候因为一时情急或者偶尔心情不好吵嘴发泄几句，或者说话时情不自禁地大声一些，都会对年幼的孩子产生无比强大的影响。尤其是幼儿和儿童，他们的处事方式大多数都是从家长那里"模仿"来的，家长的一言一行孩子都看在眼里，如果家长总是用争吵来解决问题，那么孩子也将很有可能会效仿这种做法。所以家长要注重自身的行为，给孩子做好表率，在一个温和的环境中长大的孩子，不会首先想到用争吵来解决问题。

2. **教孩子解决问题靠能力，不是靠声音**

面对问题时，有的人容易急躁，容易失去定力，用一种暴躁的状态应对问题，这其实是一种很不好的习惯。暴躁会影响一个人的心态，影响到对事物的正确判断，而遇到问题时需要的是一个冷静的头脑和正确的判断。所以，要改变孩子容易争执的习惯，就要锻炼孩子能够在问题面前保持冷静的头脑，去寻找解决问题的方法，而不是大声指责别人。遇到问题容易和别人发生争执，归根到底还是自身的修养不够，因为这也是一种不敢担当的表现。争执在某种程度上可以理解为一种推卸的行为。错不在自己，那么自己就不用承担这一问题带来的后果或者心理压力，即使被动承担，那么在心理上也是一种"宽慰"："我是对的，是由于别人的错，才导致这样。"这就有点"代人受过"的意味了。所以家长要教育孩子改变这种做法，遇到问

题，敢于面对，敢于承担，积极寻找解决问题的方法。

3.得理要饶人，没理要诚恳，教孩子有气量、有修养

俗话说，得饶人处且饶人。这体现出一个人谦逊大度的美好品德，其实这在生活中随处可见。有问题了，相互说清楚，讲明白，然后能够解决问题才是关键，不在于谁的声音更大，气势更强。如果得了理，还不依不饶，这就让人觉得有点气量狭小做事过于决绝了。但如果没有理，还要发一通脾气，这就有些胡搅蛮缠甚至恼羞成怒的意味了。总而言之，都是修养不够，肚量不大的表现。家长要教孩子修身养性，做一个有气量、有品德的人，较高下不一定要在声音分贝上，争执不一定会解决问题，也不一定能赢得尊重。

日常教孩子练习各种文体的朗读

"下面我们来找同学分角色朗读课文。"

老师话音刚落，就有好多同学争先恐后地举手。每到这时，小斌就恨不得把头埋到桌子底下去，自从他在第一堂课上朗读过课文之后他就发誓再也不当众朗读课文了，连发言都怕了。

小斌是从乡下转学来到这里的。他的普通话里带着浓重的乡音，在课堂上读课文显得特别突兀，一张嘴就令大家捧腹大笑。还记得他转学来的第一天，老师就叫他起来读课文，全班同学都哈哈大笑，连老师都忍不住乐了。这件事对他的打击很大，他现在最怕的就是课堂上分角色朗读课文，连开口回答问题都不愿意。结果时间久了，老师就给了他一个"上课不积极发言"的评语。

"小斌，"刚开完家长会的妈妈回家后直接来找小斌"谈话"。"你来说说你在学校是怎么回事，为什么老师说你上课从不主动发言，学习态度很不积极，你知不知道这可是重点小学，为了给你转学可费了不少的力气，你可不要辜负了家里对你的付出！"妈妈的话让小斌觉得很委屈，妈妈说的自己都知道，可是他也不想被别人嘲笑。

"妈妈，不是的。我知道。可是我不想在课堂上说话，我不想被别人笑话。连老师都笑了……"小斌的声音越来越低。

"为什么？"妈妈觉得很诧异。

"他们笑话我的普通话说得不好，而且还说我读什么都是一个腔调。总之我很不喜欢被这样说，所以，我不想在课堂上发言。"小斌说出了自己的心里话。

"没事，普通话不好我们可以练。不要理会他们说的，我们好好努力，一定可以学好的！"妈妈给小斌加油，鼓励他好好练习普通话。

"真的可以吗？我就不会被他们笑话了吗？"

"当然了，只要你好好努力！"妈妈向小斌郑重地"保证"道。

随着社会的发展，普通话的应用也越来越广泛，孩子要说普通话，并且要说好普通话。语言的规范不仅是用词语法和情景的规范，也包括发音吐字的规范。像案例中的小斌一样，由于发音等问题导致的语言能力不强的情况是时有发生的。如果不重视这个问题，随着年龄的增长，一旦形成不好的语言习惯，又错过了最佳的教育改正时期，将会很难纠正过来。这样将会给孩子的语言表达能力造成很大的障碍。如果不及时帮助孩子纠正，幼时被人嘲

◎ 第七章 孩子语言能力的提高需要在生活中长期积累

笑的经历又会给孩子造成心理压力，打击孩子的自信心，在公众场合甚至不敢开口说话，那么这样下去将会给孩子造成很大的问题，影响孩子很多方面能力的提高。所以家长一定要重视孩子的语言培养。提高孩子的语言能力，家长要在日常生活中多加教导。除了让孩子学习、学好普通话以外，还要注重朗读和练习。在这里向家长介绍一个方法，那就是教孩子练习各种文体的文章的朗读。

不同文体的文章描写的内容不同，表达的主题思想也不同，所以朗读时需要的感情色彩也不同。所以用各种文体的文章来锻炼孩子的语言能力是很不错的一个方法。下面就为家长推荐几种文体，希望对帮助孩子提高语言能力有所帮助。

1.锻炼孩子口齿清晰、表达准确：读新闻

新闻报道简洁明快，表达准确，而且客观性较强，尤其一些新闻是单纯叙事类的新闻消息的报道，这类文体在朗读上非常锻炼孩子的口齿清晰能力，所以家长可以教孩子多读一些新闻报道。读新闻还考验孩子的断句能力、理解能力以及准确的表达能力，所以在读的时候也是很讲究技巧的。除了吐字清晰、发音标准之外，更要断句合理，语速适当。具体的操作家长可以和孩子一起多听听新闻播报，模仿专业人员的发音，规范孩子的朗读发音，让孩子的发音吐字更加规范，这是提高语言能力的第一步，是很重要的基础。

2.培养孩子细腻情感：读抒情类文章

抒情类的文章包括很多种，比如诗歌、散文，还有一些故事类的记叙文，这些都属于抒情类的文章。不同的文章抒发的情感是不同的，有大气磅礴的爱国豪情，有温柔细腻的家人亲情，也有恬淡宁静的山水之情，还有炽热浓烈的儿女私情。不同的情感需要不同的抒发方式，朗读的要求和

技巧也是不同的。教孩子朗读抒情类的文章,要加强孩子对文章的理解,这样才能在朗读时充满感情。体会不同的情感,并教孩子在语言中表达出来,通过不同的语气、语速,锻炼用语言表情达意,从而提高孩子的语言能力。

3.教导孩子学会形象生动:读描写类文章

要想让孩子的语言表达形象生动,就教孩子多读各种描写类的文章。比如状物类的,心理描写类的,这就像平时在课堂上老师们经常采用的分角色朗读课文一样。这个方法非常好,可以让孩子有身临其境的感觉,设身处地地感受文章内容,对文章有更加深入的了解和体会,让孩子的语言也逐渐形象生动起来。不同的角色、不同的内容需要不同的语气、感情来表达,家长可以通过这种方法锻炼孩子这方面的能力。此外家长也可以和孩子一起扮演故事人物,用游戏的方式来锻炼孩子的语言能力,同时还能增进亲子感情。

不管什么类型的文章,都要有细致深刻的体会才能感受到其中的思想,这就要求孩子要有自己的感悟,也就是要善于发现,家长要培养孩子的敏感度,做个生活中的有心人。当然了,有一千个读者就有一千个哈姆莱特,家长一定要鼓励孩子有想法,有创新,因为只有这样,孩子才会进步。

◎ 第七章 孩子语言能力的提高需要在生活中长期积累

家长应培养孩子的沟通能力

小邓的爸爸是个说话粗俗的人，有时甚至会恶言恶语，但是他觉得在与他相交往的人中都这样说话，并没有什么不妥，所以和小邓交流的时候也并没有过多注意，即使小邓上学后，也没有在意。直到有一天，小邓的班主任因为小邓用脏话辱骂了同桌，导致最后与同桌打起架来而打电话叫自己去学校。

小邓的爸爸到了学校，发现小邓和同学正站在班主任的办公桌前。小邓委屈地看着自己，红着脸不敢吱声。

在老师一番说明之后，小邓的爸爸了解了事情经过，在与老师的沟通过程中他终于发现了自己与孩子沟通的方式不妥。在回家路上，小邓的爸爸打开了话匣子，"小邓，你怎么看待今天的事情？"

小邓无辜地嘟着嘴说："他说我骂他，但是我觉得我只是很普通地说了句话而已，就像在家跟你聊天时一样的话。"

小邓的爸爸低头沉思，良久才说："儿子，不是你的错，是爸爸错了，爸爸是个粗人，没有提高自己的文化水平和素质，平时恶言恶语的不良习惯影响了你。爸爸保证，以后一定会改变自己，也改变和你沟通的方式。"

小邓诧异于爸爸那认真的态度，然后也一本正经地点头说道："嗯，爸爸，加油！我现在也知道我今天犯了什么错误了，以后我一定积极改正,使用文明用语。"

小邓的爸爸呵呵地笑了,说道:"那好,咱们一块儿改!明天去上课的时候要记得对你的同桌道歉,记得用文明用语哟!"

小邓露出闪亮的目光,说道:"嗯,我会诚心地道歉的。"

即使大人之间的沟通比较轻松,因为大人有了社会经验,能轻易地分别好坏、真假,家长也要注意提高自己的修养,避免误导孩子。所以,家长在平时和孩子需要用正确的方式交流,否则可能弄巧成拙或者让孩子养成不良的言语习惯。

小邓的爸爸不注重提高自己的修养,用与大人交流的方式与小邓交流,却让小邓无形中受到影响,养成了不良的语言习惯,导致了小邓与同桌交流过程中产生矛盾。

家长与孩子错误的沟通方式不仅影响孩子的人际交往,甚至可能成为孩子圆梦道路上的拦路虎,而家长用正确的交流方式与孩子交流,能让孩子与人交流时也能熟练地运用适当的交流技巧,所以家长应该重视这个问题,正确地培养孩子的语言能力。以下是可供家长借鉴的、用正确的方式与孩子正确沟通的建议。

1.了解孩子的性格,运用适当的方式与孩子沟通

孩子很容易受到环境的影响,无论是在学校还是在家里,学校的学习氛围浓烈,有着文明的沟通环境,而在家里的交流同样会对孩子产生巨大的影响力,所以家长应该为孩子营造良好的沟通环境,让孩子得以顺利地培养表达能力。

有些家庭与孩子交流时不经意地流露出威胁、"收买"、保证、讽刺的语气,但是往往会弄巧成拙。有些孩子比较顺从,当家长适当威胁的时候,

孩子就会按照家长的意愿去做；有些孩子被"收买"后不能正确看待金钱，就有可能只做有报酬的事情，比如只做能得到家人奖励的家务，不参加学校里面没有奖励的劳动；有些家长喜欢给孩子下保证，可是却经常不兑现承诺，导致孩子对保证不相信、不重视，影响孩子的世界观、人生观和价值观的形成；有些孩子不能理解家长的苦心，听到家长带有讽刺的话语，就失去了信心，从而埋下自卑的种子。

家长应了解自己孩子的性格，针对孩子的性格特点，运用适当的方式与孩子沟通。

2.让孩子有机会表达自己的意愿

每个孩子都有不一样的性格和经历，有些孩子脾气比较急，常随意许下承诺或者不明辨是非就判断对错，导致言语表达时给人浮躁的感觉，这时候家长就可能制止孩子讲话，甚至责骂孩子，有些孩子就因此受到了打击，不敢再发表言论；有些孩子比较害羞，不敢在人前说出自己的观点，让人觉得没有主见，这时候家长就可能强迫孩子去说他不愿意说的话。

针对孩子的性格，家长可以适当地引导孩子与别人沟通，让浮躁的孩子说话前要三思，让害羞的孩子拥有自信。家长要鼓励孩子充分表达自己的意愿，无论在什么环境中，都要勇于与人沟通。

3.善于引导孩子与人沟通，让孩子知道怎样与不同性格的人交流

俗话说"童言无忌"，孩子与孩子交流时说的大多是真心话，随着孩子慢慢长大，性格特点越来越突出，如何与朋友交流就变成了一种艺术。家长要让孩子知道，每个人的性格都是不一样的，同一句话对不同的人说得到的效果可能天差地别。比如有些孩子性格比较乐观向上，所以即使开一些稍微过分的玩笑也不会想到不好的地方去，然而，这个玩笑在拘谨的孩子心中却可能留下不好的影响，让玩笑变味。

家长要告诉孩子，与人沟通时要根据不同性格的人区别对待。比如在有自卑心理的孩子面前，不要说贬低对方的话语。

告诉孩子：好口才不等于贫嘴

元旦晚会上，佳佳代表六年级三班表演了一个脱口秀，得到了老师和同学的一致好评并获得了晚会节目的三等奖。回家后，佳佳兴高采烈地扑到妈妈的怀里炫耀三等奖的奖状和奖品。

佳佳说："妈妈爸爸，我今晚的表演得到了第三名哟，好多老师和同学都在后台夸我，说我口才超棒的！"

结果跷着二郎腿窝在沙发上的爸爸很不客气地给佳佳泼了冷水："你得第三是因为这类节目比较少见，你跟电视上知名的脱口秀节目主持人比根本什么都不是。"

佳佳刚受到了众人的好评，突然遭到爸爸的打击，很不服气，于是嘟着嘴跟爸爸争论道："才不是呢，我超厉害的，说话特顺溜，跟电视上那些脱口秀节目的主持人一样！"

爸爸知道佳佳平时话很多，可多是耍贫嘴，于是便继续打击佳佳，说："佳佳，我不是故意打击你，你刚才跟我争辩的时候说的话已经体现出来了，如果你真的非常好，那为什么你得不到第一名？你明明知道我说的是实话，却没有虚心接受，以后你说话要注意，不能太主观，不能太夸张，知道吗？"

◎ 第七章 孩子语言能力的提高需要在生活中长期积累

在爸爸的一番话语后,佳佳意识到自己的缺点,决心努力地学习知识,让自己说的话变得有内涵、有哲理,让贫嘴变成好口才。

古人留下佳话:"三寸不烂之舌,强于百万之师",可见好口才的重要性。在现实生活中,许多人都遭遇过因为口才不好而得不到重视的经历,也有许多人因为不会说话或者贫嘴而交不到朋友。

什么才是好口才?有的孩子天性活泼,可是口无遮拦;有的孩子说话往往恰到好处,得到了同伴的尊重和拥护。这说明多说话的孩子不一定真的是好口才,也就是说,贫嘴和好口才是不一样的。家长应如何让自己的孩子从贫嘴变成好口才呢?以下是几点可供家长借鉴的,让孩子将贫嘴变为好口才的建议。

1.让孩子明确地区分好口才与贫嘴

贫嘴最大的特点就是爱多说废话或者开玩笑的话,而好口才能让听者完全理解表达者的意思,而且能给听者带来幽默感或者能让听者体会到深层次的哲理甚至能引起听者心中的共鸣。

有些孩子活泼开朗爱说话,可是并不招人喜欢;有些孩子虽然不爱说话,但是却往往能赢得同伴的尊重,往往能带动小伙伴,成为领导者;有些孩子只知道自己不招人喜欢,却找不出原因,于是心里觉得自己天生就是不讨人喜欢,便不再主动交友;有些孩子在与朋友交流的过程中不经意就伤害了他人却不自知;有些孩子与人交流时说的话与话题风马牛不相及,让人觉得没有意义甚至不耐烦……贫嘴给孩子的生活带来各种各样的不良后果,而好口才却可以让幸运伴随孩子一生。

家长应告诉孩子他说话是不是在耍贫嘴,让孩子意识到自己的沟通技巧还需要改善,从而刻意地去改掉这个习惯,培养自己的口才。

2.让孩子抓住机会时刻锻炼自己

语言是沟通的主要方式,孩子在家中、在学校、在大街上都能接触到口语,让孩子知道随时随地都可以培养好口才,当孩子想要表达某种意愿的时候,家长可以试图教孩子将语言变得或者幽默或者简洁或者富有哲理性。

家长可以让孩子听一些著名的演讲,可以让孩子看一些优秀的脱口秀节目,让孩子分析他人表达的技巧,学习怎样将自己想表达的意思清楚、简洁地说出来,同时让听者对自己的话感兴趣。家长还可以让孩子看一些歇后语、成语故事、俗语、经典故事来让孩子的话变得有内涵。

家长不可能时刻跟在孩子身边,所以要让孩子知道好口才的重要性,随时随地提高自己的语言表达能力,抓住机会锻炼自己的口才。

3.教孩子学会运用适当的表达技巧

"冰冻三尺,非一日之寒",好口才的培养也非一朝一夕,家长需要让孩子学习一些表达技巧,让孩子说话幽默但不离题,并且有内涵。

家长要让孩子意识到说话要分场合、分对象,还需要看时机,一个简单的自我介绍、一个普通常见的见面礼节、一个短暂的脱口秀都可以让孩子表现自己。家长要让孩子知道在自我介绍的时候的语言需要清晰的逻辑,需要丰富而有代表性的内容;与人争辩的时候需要充足的论据,不能随便捏造事实或者过于主观地说话,否则会让自己显得轻浮;在日常交流过程中要客观、正直,不要为了讨好他人而说违心的话。

家长还可以让孩子多使用比喻句来让话语变得生动形象,用强调句来加强语气,用夸张手法让听者能清晰地想象所描绘的事物,等等。

4.让孩子将贫嘴变为好口才

孩子爱贫嘴,一些家长并没有给予关注,只是让孩子随心所欲,养成不分时间、地点、场合、不计后果地想说什么就说什么的不良习惯;另外一些

◎ 第七章 孩子语言能力的提高需要在生活中长期积累

家长指责孩子，命令孩子不要再乱说话，导致孩子不敢再多说话，变得沉默内向。

如果家长能让孩子的贫嘴变成好口才就会给孩子的未来带来极大的帮助。

家长可以让孩子在开玩笑的时候注意场合，说话幽默并没有错，只是需要看准时机，开的玩笑也不该过度，应以活跃氛围为主；家长还可以用自己做榜样，帮孩子分析怎样将贫嘴变成好口才。

第八章
开发孩子的智力
不能忽视品格教育

◎ 第八章 开发孩子的智力不能忽视品格教育

自信，让孩子散发独特魅力

金佳是家里独生女，可是在她身上很少会看到一般独生子女的娇气，在家长看来金佳是个很坚强勇敢的女孩子。金佳的这个性格和家庭环境、品格教育有很大的关系。

金佳的爸爸妈妈平时工作比较忙，常常把孩子交给爷爷奶奶照顾。爷爷年轻时是个军人，因此在教育孩子方面也颇有些军人作风，对金佳的要求比一般的家长要严格得多。在金佳上幼儿园时爷爷便开始带着金佳背诵中国古代诗词，教做算数题。金佳很聪明，小小年纪便能学会很多同龄孩子还没有接触到的知识。

在金佳上一年级和二年级的时候，爷爷的教育优势渐渐显现出来：金佳的成绩在学校里一直都是名列前茅的。这让金佳的家长很欣慰，孩子在学习方面几乎没有让家长操心，而且在生活上金佳也很听话，很少与大人争辩。

在金佳上了四年级以后，班主任在开家长会时和金佳的家长反映了孩子的问题。班主任说："金佳呀，在学习上基础很好，人也很聪明，可是这孩子平时不喜欢与人沟通，遇到不懂的问题不主动与老师或者同学们进行交流。孩子看起来不自信。不知道你们有没有意识到这个问题。"

爸爸说："我和她妈妈这些年来工作比较忙，经常把孩子交她的爷爷奶奶照顾。金佳的爷爷是个军人，对孩子的管教严一些，佳佳平时也比较听话。至于说孩子不自信的这个问题，我和她妈妈还真的没有太放在心上。"

老师说："金佳是个很聪明的孩子，可是不爱与人交流，也不爱讲话。虽然金佳现在的成绩还不错，可是如果家长不能及时提高孩子的自信心，那会给孩子以后的生活和学习带来不好的影响。你是金佳的家长，不能因为工作忙而忽视对孩子的性格教育呀。有句话说得好：'父母是孩子最好的老师'。"

爸爸在家长会结束后走在回家的路上仔细想着，确实，金佳在生活和学习方面的一些表现证明了孩子不够自信，以后要在这方面加强对金佳的教育和培养。

在人们的生活中，像金佳家长的这种情况并不少见：父母忙于工作，或者由于生活上的粗心大意没有发现孩子内心深处自信的缺乏。对孩子的了解仅仅停留在表面，不能真正地帮助孩子树立自信心。

造成孩子缺乏自信心的原因是多种多样的。首先，有些孩子过低估计自己。人们都知道中国传统文化崇尚"谦虚为本"，有些家长也会以此教育孩子，但有的孩子可能错误地理解了家长的要求，或者是有的家长错误地要求了孩子，于是孩子往往高估他人的能力，低估自己的能力，经常拿自己的短处与他人的长处相比，越比越觉得自己不如别人，越比越泄气，越比越没有自信；其次，有些孩子对自己要求过高，或者是家长对孩子的要求过高。当孩子经过一次次的努力而不能够完成既定目标后，很容易对自己的能力产生

◎ 第八章　开发孩子的智力不能忽视品格教育

怀疑，从而不自信；最后，家庭生活缺乏亲情也可能是孩子缺乏自信的一个原因。温馨的家庭生活是孩子成长的乐园，孩子在一个温暖的家庭会感到很放心，做事情会更放得开，敢去做。如果孩子在家庭里丝毫感受不到温暖，没有一个轻松愉快的环境，并且每天处在焦虑不安中，缺乏家长的疼爱、关怀，那孩子很容易变得自卑，从而避开人群，变得沉默寡言，越来越不自信。

缺乏自信心对孩子健康成长是有很大危害的，其中比较典型的是在孩子交朋友的时候。不自信会严重影响孩子的人际交往，抑制能力的发展。因为对自己的不自信，所以孩子不愿意经常去抛头露面。交际能力不能得到很好的锻炼，在学校、家庭、社会中交往的范围十分狭小，对别人的内心世界、人际关系也知之甚少，并且由于局限于个人的小圈子，脱离所生活的环境，孩子各种能力的发展也会受到严重的抑制。这对孩子的学习和生活都会带来很不好的影响。

如何提高孩子的自信心呢？以下建议供家长参考。

1. 家长无条件地爱孩子，要表达出对孩子的爱

心理学家认为，孩子的自信，对自己作为一个人的价值的肯定，从根本上讲是来自家长无条件的爱。家长应该明确地告诉孩子：我爱你，无论你是健康还是病弱、聪明还是愚笨、听话还是调皮、漂亮还是丑陋、学习成绩好还是差，爸爸妈妈都会永远爱你，养育你直至你成为独立自主的人。这就是无条件的爱。家长把这些话告诉孩子可以让孩子的心里觉得非常踏实，知道父母是会永远爱自己的。

2. 家长要尊重孩子

自信，顾名思义，便是相信自己。而自尊是一个人对自己的自我价值的

肯定，是内在的，只关乎自己的，是外部环境无法撼动的自我认知。尊重是来自外界的对人的尊敬和敬重。家长对孩子的尊重便是对孩子自我价值的肯定，这对培养孩子自信心是非常重要的。孩子自信的前提是家长和社会都要尊重他。家长对孩子的尊重也从某些方面给予了孩子极大的自主权，让孩子可以自己主动地去学习，去领悟，去经历。在这个过程中孩子也可以一点点培养起自己对于这个世界的认识，逐步形成孩子自己的判断力和价值观。

3.经常赞赏孩子，给予孩子鼓励

孩子在心理上会有获得肯定与赞赏的需要，如果孩子感到自己是被别人赏识的，自己对别人来说是重要的、有意义的，那么就会自然而然地产生愉悦的、自我肯定的感觉，自然而然地会感到自己很自信。处于小学阶段的孩子心智发育尚不成熟，常常根据别人对自己的评价，尤其是家长和老师的评价来给自己定位。如果家长能够经常赞美孩子，在孩子做成功了一件事以后给予孩子鼓励，孩子便会觉得自己的价值被肯定，自己做的事情是值得的。久而久之，孩子便会把家长对自己的肯定内化为自己内心的一分力量，相信自己可以做得更好，从而更加自信。

爱好多一些，孩子的智商更高一些

方方是一个二年级的学生，从小乖巧听话，很少让家长操心。方方的家长认为孩子只要学习好，其他特长或者兴趣爱好都不重要。因此方

◎ 第八章　开发孩子的智力不能忽视品格教育

方的家长很少去培养孩子的兴趣爱好，即使在寒暑假期间也很少送方方去特长培训班。

在方方和爸爸妈妈说起自己和其他小朋友相比没有什么特长或者兴趣时，妈妈会说："你还小，只要你在家里听我和你爸爸的话，在学校好好学习就是一个很棒的好孩子了。至于那些兴趣爱好只会浪费你的时间和精力，对你以后的学习和工作没有什么帮助。你呀，不用去培养什么兴趣。"

方方听妈妈这样说，就不再把兴趣爱好放在心上。平时没事的时候便会多看书，努力学习，因此方方在学校的成绩一直以来还不错。

可是在方方上了四年级以后学习成绩却开始出现了下降，而且情绪不稳定。小学阶段，本该是孩子无忧无虑的童年时光，可是方方却看起来对什么事情都提不起兴致。

方方的家长看到孩子这种状态，觉得长久下去对孩子健康成长不好，可是却不知道自己对孩子的教育出了什么问题。直到有一次和朋友的谈话才让方方的家长意识到了自己错在哪里。

一天，方方的爸爸妈妈带着孩子去一个朋友家做客。午饭过后，大人在一边聊天，孩子在一旁玩耍。朋友家的孩子拿来了画画板想和方方一起画画，方方说自己不会，也没什么兴趣。朋友家的孩子想和方方一起玩儿堆积木、滑滑板等一些游戏，可是方方都表示自己没兴趣。

方方的妈妈说道："我们家孩子呀，平时喜欢学习，从小到大也没有什么兴趣爱好。"

爸爸的朋友听了很惊讶："你平时应该主动培养孩子一些兴趣爱好呀！现在孩子还小，没必要把所有的精力和时间都投进学习里，孩子多发展一些兴趣爱好不仅可以开阔孩子眼界，陶冶情操，还可以提高孩子智商，健全孩子性格，有很多好处啊！"

方方的妈妈听了之后，想想孩子虽然目前的学习成绩不错，可是如果从长远来看，健全孩子性格，提高孩子智商才是更重要的啊！

在生活中，有案例中方方家长那样想法的人很多，在他们看来只要孩子学习成绩好，兴趣爱好并不重要。其实，这种想法是错误的。

首先，家长需要了解一下兴趣的定义：兴趣是喜好的情绪。兴趣以需要为基础。需要有精神需要和物质需要，兴趣基于精神需要。人们若对某件事物或某项活动感到需要，就会热心于接触、观察这件事物，积极从事这项活动，并注意探索其奥秘。兴趣又与认识和情感相联系。若对某件事物或某项活动没有认识，也就不会对它有情感，因而不会对它有兴趣。反之，认识越深刻，情感越炽烈，兴趣也就会越浓厚。由此可以看出，兴趣在引导孩子主动学习方面有着无可替代的重要作用。

其次，家长需要了解兴趣的作用：兴趣对一个人的个性形成和发展、对一个人的生活和活动有巨大的作用，这种作用主要表现在以下几个方面：

第一，对未来活动的准备作用。第二，对正在进行的活动起推动作用。兴趣是一种具有浓厚情感的志趣活动，它可以使人集中精力去获得知识，并创造性地完成当前的活动。第三，对活动的创造性态度的促进作用。兴趣会促使人深入钻研、创造性地工作和学习。

家长要知晓帮助孩子培养广泛兴趣爱好的必要性。孩子的兴趣不仅可以促进孩子的学习，陶冶孩子的情操，而且它可以使孩子的智力得到提高，知识得以丰富，眼界得到开阔，并会使孩子善于适应环境，对生活充满热情。

◎ 第八章 开发孩子的智力不能忽视品格教育

家长如何培养孩子广泛的兴趣,以下建议供家长参考。

1. 带领孩子参加有趣的活动

家长带领孩子参加有趣的活动,可以培养孩子的直接兴趣,所谓直接兴趣,即人对事物或活动本身的外部特征发生的兴趣。例如家长带着孩子去参加植树,可以让孩子在亲身体会环保植树的过程中,对劳动有一个直接的体会,而且在这个过程中家长可以向孩子讲授关于大自然,关于动植物,关于保护环境等相关问题。通过一个植树活动便可以让孩子通过这个过程对很多事物产生最直接的体会,并学会很多新的知识。

2. 多带孩子出去接触大自然

家长可以经常有意识地引导孩子到大自然中观察日月星辰、山川河流,等等。

比如,春天可带孩子观察树木如何抽芽,长叶。夏天带孩子去游泳,野餐,让孩子在大自然的怀抱中感受大自然的变化。在《爸爸去哪儿》节目里,有很多内容便是让孩子去亲身体会自然,通过接触自然来培养孩子的兴趣。秋天带孩子去看树叶如何变黄、落下。冬天又可引导孩子去观察这个季节大自然的变化。孩子通过参加各种活动开阔了眼界,丰富了感性认识,提高了学习兴趣,而且培养了更多的兴趣爱好。

3. 激发孩子的好奇心

家长适当地激发孩子好奇心是培养孩子兴趣爱好的一个好方法。

家长激发孩子的好奇心可以让孩子对这一事物产生疑惑,想要知道答案是什么。在这个过程中家长可以引导孩子去一步一步地寻找答案,不要直接告诉孩子结果是什么。在寻找答案的过程中孩子往往会发现更多新奇有趣的问题,在解决问题的时候无意中也是在锻炼孩子的思维能力,实践能力,解决问题的能力等，进而提高孩子的智商。

勤学好思，让孩子的成绩更上一层楼

苑苑是家里的独生女，从小聪明伶俐，爸爸妈妈对这个独生女儿很疼爱。平时苑苑的要求基本上都会得到满足，爸爸妈妈对苑苑的期望便是孩子能好好上学，学习成绩优秀，以后考一个好大学。在爸爸妈妈看来，孩子的学习不能落在"起跑线"上，因此在苑苑一二年级时便开始教她学习相关的课程。

苑苑的爸爸认为学习的最好方法便是：书读百遍其义自见，厚积方能薄发。于是经常要求苑苑背诵课本内容。

在小学阶段的低年级，爸爸的这种学习方法还很有用，苑苑的成绩一直以来也很理想。可是在苑苑上了五年级以后，成绩开始不理想。苑苑的语文、历史成绩还不错，可是数学成绩却越来越差。眼看就快要进入初中了，可是爸爸妈妈和苑苑都不知道该怎么办。

五年级第二学期的家长会上，班主任和苑苑的爸爸进行了一次谈话，说起了苑苑的学习方法。班主任说："苑苑学习很努力，可是孩子的学习方法不对。久而久之，孩子在学习上的思考方法也不对。"

爸爸说："不会啊，孩子一直以来都是按照我们家长教的方法学习的。遇到新的学习内容会多读多背。俗话说：书读百遍其义自见。"

班主任说："孩子在学习上应该是勤学好思，这样才能更好地锻炼孩子的思维方式，让孩子更快、更好地理解自己要学习的内容。一味地背书不仅对提高孩子的学习成绩作用不大，而且在提高孩子智商方面也没什么帮助啊。"

爸爸听了班主任的话后，觉得需要好好反省一下自己对孩子的教育方法。

在现实生活中，有类似于案例中苑苑家长那样想法的父母有很多，有的家长认为只要孩子努力学习，多背书，成绩自然会很优秀；有的家长认为学习好的必要前提便是背书；还有的家长认为背书能多储备知识，打好基础，提高成绩是早晚的事情。

在孩子的成长中，家长应该把培养孩子勤学好思的良好品行作为重要目标。勤学好思，顾名思义便是要求孩子在勤奋学习的同时多思考。孩子养成这种习惯是有很多好处的。在学习上，勤学好思要求孩子在勤奋学习的同时多去思考，多问为什么。这样的学习方法可以让孩子在解决问题的时候不仅知其然，而且知其所以然，对锻炼孩子的解题能力，培养孩子的解题思路方面具有重要作用。在生活上，勤学好思要求孩子主动去了解生活，懂得生活。例如，孩子如果在待人接物上有什么不明白的地方便会主动去询问他人，并且主动思考其中的缘由。这种方法不仅会使孩子明白其中的道理，而且记忆会更加深刻。

可见，勤学好思不仅可以提高孩子在学习方面的智商，还可以提高孩子在生活方面的智商。

如果孩子不能在生活和学习方面做到勤学好思，从孩子的长远发展来看是有很多不利之处的。无论是在学习上还是在生活里，现代社会越来越快的发展都需要孩子有较强的适应能力和学习能力。勤学好思，一方面提醒着孩子要多学习、多积累，另一方面也告诉孩子要多思考，知道为什么。家长主动培养孩子勤学好思的良好品质可以提高孩子智商，让孩子在接触新事物时有更强的适应能力。

家长如何帮助孩子养成勤学好思的良好品质，以下建议供家长参考。

1. 给孩子讲名人故事，给孩子树立良好榜样

榜样的力量是无穷的，处于小学阶段的孩子常常会有一种"英雄情结"，并对他们的行动产生很大的指引作用。家长可以给孩子讲述一些名人勤学好思的例子，并引导孩子向名人学习。例如近代著名的物理学家、数学家伽利略在十几岁时便是一个勤学好思的学生。17岁那年伽利略进入著名的比萨大学，伽利略经常去图书馆看书，而且喜欢思考，遇到不懂的问题就去钻研，最终成为一代伟人。

2. 鼓励孩子多提问题，活跃孩子思维

在孩子的眼里，很多事物都是未知的，在孩子认识世界的过程中家长应该鼓励孩子多提问题，活跃孩子的思维。对孩子提的问题家长可以自己给予解答，也可以指导孩子自己去寻找答案。在这个过程中不仅增加了孩子的知识储备，而且锻炼了孩子的思维方式。鼓励孩子多提问题，这些问题不仅可以是关于学习的，也可以是关于大自然的，关于如何与人相处的，等等。孩子每提出一个新的问题，也就是一个学习的过程，在解答的时候便是家长与孩子一起思考，一起锻炼思维的时候。

◎ 第八章　开发孩子的智力不能忽视品格教育

3.让孩子从勤学好思中受益，并给予孩子鼓励

家长在帮助孩子培养勤学好思的过程中，可以让孩子看到养成这种良好品行所带来的益处。例如当孩子在学习上遇到问题的时候，家长首先告诉孩子：你自己主动去了解相关的基础知识，然后根据自己已有知识主动思考，实在不懂再去问别人，直到解决问题。如果孩子在学习上可以这样做，时间久了，提高成绩很容易。家长让孩子看得见养成勤学好思的益处，孩子也会更加积极主动。在孩子养成勤学好思品行的过程中，家长应该积极主动给予鼓励，增加孩子的自信心与成就感。

勇敢和坚强的人更容易取得成功

皮皮是家里的独子，孩子一出生，家长便在他的身上寄予了很大的期望，希望皮皮在生活和学习上都可以出类拔萃。平时，皮皮家长对孩子很宠爱，基本上是"有求必应"。而且皮皮的家长很重视对孩子的教育，在孩子上幼儿园时便开始教孩子读书、写字、画画儿等，希望自己的孩子能够为未来的学习打下一个良好的基础。

渐渐地，皮皮长大了。家长的教育在皮皮上一二年级时发挥了作用。因为皮皮平时在家就学过很多知识，因此在考试时轻轻松松地便可以考到班级前几名。皮皮本人和家长都为这样好的成绩而感到骄傲。

皮皮在12岁的时候进入了初一。皮皮的家长明白初中不同于小学，在这里有更多的同学，更广阔的天地，同时在学习压力和与同学相处方面也有了更大的难度。皮皮的家长认为孩子在小学阶段很优秀，进入初中以后一定也是可以处理好这些事情的。

可是，皮皮在开学后没多久便出现了成绩下滑的情况，而且家长观察到自从上了初一以后孩子的情绪就不太好。在初一上半学期还没有结束的时候，皮皮甚至直接地向家长说出了自己不想再去学校的想法。

皮皮的家长感到非常意外，因为孩子这么多年来一直都很优秀，可是随着年龄的增大，孩子的自信心明显下降，甚至有了逃避的倾向。想想自己这么多年对孩子的教育，一心要把孩子培养成为一个优秀的人，可是在上了初中以后，遇到一些困难孩子的抗挫折能力就这么脆弱，这可怎么办啊？怎么才能改变孩子的情况啊？

在生活里，像案例中的皮皮这样在小学阶段表现很优秀，可是一旦进入了一个陌生的或者具有更大挑战性的环境中却感到不适应的孩子有很多。造成这种情况的原因主要是孩子的抗挫折能力不够强大。

首先了解一下抗挫折能力的定义：抗挫折能力是指个体在遭遇挫折情境时，能否经得起打击和压力，有无摆脱和排解困境而使自己避免心理与行为失常的一种耐受能力，即个体适应挫折、抵抗和应付挫折的一种能力。一般来说，挫折承受力较强的人，往往挫折反应小，挫折时间短，挫折的消极影响少；而挫折承受力较弱的人，则容易在挫折面前不知所措，挫折的不良影响大而易受伤害，甚至导致心理和行为的失常。

案例中的皮皮很明显的一个特点便是抗挫折能力不强。在小学阶段，有

◎ 第八章　开发孩子的智力不能忽视品格教育

熟悉的同学和老师，因为表现很突出，皮皮觉得自己很优秀。而在进入初中以后，困难、挑战等都比以前要多得多，可是皮皮对挫折的承受力不够，因此才会出现情绪低落，成绩下降和厌学等情况。孩子的抗挫折能力不够有以下几个主要原因：

　　第一，有些家长对孩子的期望值太高，家长对孩子的期望超过了孩子的实际情况，使得孩子一次次地达不到家长的要求，很容易让孩子有挫败感。第二，家长过度保护孩子，不给孩子尝试的机会。有些家长出于对孩子的疼爱，在生活中过度保护孩子，避免让孩子受挫。在这种情况下，孩子连挫折都没有经历过，又怎能去锻炼抗挫折能力呢？第三，孩子自身不注重总结遭受挫折的原因。孩子受挫说明在这方面做得还不够好，家长应当帮助孩子一起寻找原因，争取下次做好。失败一次不可怕，而如果孩子在做一件事的时候总是失败就很容易会产生挫败心理。因此家长帮助孩子总结失败原因是很重要的。

　　家长如何帮助孩子提高抗挫折能力？以下建议供家长参考。

1. 避免过度赞扬孩子

　　人们经常会看到一些广告宣传——赞美教育，鼓励家长多赞美孩子。这种方法对于那些自信心不足的孩子具有很大好处，可以帮助孩子提高自信心。但是如果经常赞美一个自信心十足甚至有点自负的孩子，他就很容易会变得骄傲，一旦遇到强手，"败"在其下，那就会适得其反，轻则郁闷，重则丧失自信，变得自卑。因此，对孩子的赞扬要适度，要明白赏识教育的目的，把握好"度"，不要弄巧成拙。

2. 教孩子以平常心看待挫折

　　孩子的抗挫折能力不够，很大一部分原因是孩子不能以平常心看待一切，把一件事的成功与失败看得太重。家长可以有意识地教孩子以平常心看待成败，正确对待挫折。例如家长可以试着和孩子下棋，无论谁输谁赢，重要的是过程，学会思考，学会享受下棋的乐趣。通过下棋使孩子明白人生的很多事情便像下棋一般：胜败乃兵家常事，输了没关系，要知道为什么输，知道下一次如何能够走好就是收获。

3.给孩子足够的安全感，让孩子拥有一个强大的内心

孩子有挫折感，一部分原因是孩子害怕失去。家长应该告诉孩子无论在什么情况下都会有家人的支持，有家人对他的爱和理解。家的温暖可以给孩子安全感，安全感强大的孩子内心往往很强大。家长主动地给孩子安全感可以让孩子觉得即使遇到了挫折也没什么关系，因为有家人一直在背后支持着自己，这份力量可以成为孩子抗挫折能力的重要来源。

孩子做事持之以恒，成功的概率更大

诺诺是一个二年级的学生，从小多才多艺，喜欢唱歌，擅长跳舞，而且在画画方面也有一些天赋。诺诺的家长觉得孩子能够多学一些东西，多有一些本领是好事，因此从诺诺上幼儿园开始，便在寒暑假期间送诺诺去上各种培训班。

诺诺很争气，在上三年级以前，不仅在唱歌、跳舞和画画等方面很出色，而且学习成绩也很好。诺诺在上了三年级以后接触到的新事物多

◎ 第八章　开发孩子的智力不能忽视品格教育

了起来，她的兴趣爱好也随之增加：钢琴，书法，甚至女孩子很少学习的武术诺诺也有所尝试。因为学习的东西太多，诺诺经常是浅尝辄止，例如一个培训班才上一个月便不再去学习了。家长对诺诺的做法也没有放在心上，认为孩子不能坚持学下去也没关系，毕竟孩子还小，多接触一些新事物不是坏事。

家长发现诺诺到了五年级以后，以前学习的那些特长几乎没有坚持下来的，几乎都是一知半解，而且诺诺的学习成绩也开始出现了下降。虽说小学阶段的成绩对孩子升高中，上大学影响不大，可是小学是孩子打好学习基础，养成良好学习习惯的重要阶段。

诺诺的家长开始反思自己对孩子的教育方法，发现诺诺做事很少能够持之以恒，学习一样东西经常会半途而废。可是该如何培养诺诺做事持之以恒的坚毅性格呢？这是家长的当务之急。

在生活中，有着诺诺这种情况的孩子并不少见，孩子学的东西很多，可是很少能够持之以恒，到最后往往一样也没有学好。家长在孩子成长过程中不仅应该督促孩子学习知识，更应该帮助孩子养成良好的性格，这对孩子的健康成长会发挥重要的作用。

家长要培养孩子做事持之以恒的坚毅性格，就应该了解一下持之以恒的定义：长久地坚持下去。语出清·曾国藩《家训喻纪泽》："尔之短处，在言语欠钝讷，举止欠端重，看书不能深入，而作文不能峥嵘。若能从此三事上下一番苦工，进之以猛，持之以恒，不过一二年，自尔精进而不觉。"

孩子拥有持之以恒的坚毅性格是十分必要的。首先，它可以让孩子在做事的时候有耐心。当孩子持之以恒地去做一件事时在潜意识里会有一个想法：无论花多长时间我都要做好。在这种心理的引导下，孩子做事情会更加细致，更有耐心；其次，它可以让孩子做事的时候有计划，一步一步地去完成自己的目标，持之以恒的一大优点在于孩子会有足够长的时间来规划自己的事情；最后，当孩子持之以恒地去做一件事的时候可以增强自信心，孩子坚信自己一定会成功，因而成功的概率会更大，持之以恒让孩子对自己更加自信。

家长如何培养孩子做事持之以恒的坚毅性格呢？以下建议供家长参考。

1.了解孩子的实际情况

很多家长对孩子都有"望子成龙、望女成凤"的期盼，都对孩子寄予厚望，希望孩子将来能够大有作为。可是如果家长的期望超过孩子实际情况会给孩子造成沉重的心理负担，影响孩子的积极性，孩子因而产生消极、逃避的心理，最后会导致在学习过程中半途而废。家长应该主动了解孩子的实际想法，知道孩子想做什么，能做什么。在了解孩子实际情况的基础上对孩子寄予期望往往可以收获更好的效果。

家长了解孩子的实际情况可以让孩子脚踏实地地做事，让孩子在自己力所能及的范围里努力，即使孩子获得的是一个个小小的成功，从长远看来也可以帮助孩子养成持之以恒的坚毅性格，告诉孩子自己只要坚持便可以成功。孩子要做到持之以恒，就应该对自己完成事情有信心，即使遇到了困难依然相信自己可以完成。

2.制订计划并监督检查

家长帮助孩子养成持之以恒的坚毅性格的一个最直接有效的方法便是制订计划并监督检查。家长先对孩子的生活和学习中存在的问题进行分析，了解孩子为什么不能持之以恒，孩子需要发扬和改正的优缺点有哪些。在此基础上，家长和孩子一起制订有针对性的计划，在具体的时间和完成任务等方面都做出明确的规定。计划内容可以是关于学习的，也可以是关于生活的，家庭和学校两方面计划的按时执行可以让孩子更快、更好地养成良好习惯。

在制订计划以后，家长应该督促与检查孩子有没有按照计划完成任务，保证孩子能够完成任务是促使孩子养成持之以恒的坚毅性格的重要部分。通过具体计划的制订和完成，久而久之，孩子很容易形成做事坚持到底的习惯。

3.结合实际情况讲述相关的故事

家长可以给孩子讲述别人持之以恒并获得成功的例子，可以结合实际情况，以生活中的事例印证"铁杵磨成针""愚公移山"持之以恒因而有所成的道理。

"铁杵磨成针"是代代相传的故事，家长可以讲给孩子听。

传说李白在山中读书的时候，没完成学业，就放弃离开了。他路过一条小溪，遇见一位老妇人在磨铁棒，问她在干什么，老妇人说："我想把它磨成针。"李白说："这么粗的铁杵能磨成针吗？"老妇人说："铁杵磨成针，功到自然成。只要每天坚持磨，总有一天会磨成针的。"李白被她的精神感动，就回去完成学业。从此李白刻苦读书，终于成为著名的大诗人。

家长要在实际生活中教育孩子做个做事持之以恒的人，尤其在孩子遇到困难的时候告诉孩子只要坚持，就可能会获得成功，否则，将与成功无缘。

第九章
科学饮食，
是孩子智力提高的
物质保障

◎ 第九章 科学饮食，是孩子智力提高的物质保障

挑食的孩子容易大脑发育迟缓

晚晚和早早是双胞胎，她们长得一模一样，不仔细看分不出来，可是仔细观察两个人的皮肤就能发现姐姐早早的皮肤要比妹妹好得多。因为晚晚偏食，而姐姐早早什么都吃。

有一天，爸爸妈妈做了丰盛的晚餐，有清蒸鱼、红烧排骨、炒青菜、凉拌芹菜，番茄蛋汤。晚晚和早早洗好了手来吃饭，晚晚爱吃肉，她专挑肉菜吃，蔬菜一点也不吃。

早早虽然也爱吃肉，但并不像晚晚那样一口菜也不吃，所以姐姐的皮肤比妹妹看着要水灵，而妹妹的脸上经常会起小痘痘。

妈妈问晚晚："晚晚，你怎么只吃肉，不吃蔬菜呢？"

"我不爱吃蔬菜，蔬菜没有肉香。"

妈妈说："肉里是有许多的蛋白质，吃了可以长得结实、健康，不生病，但是蔬菜里有许多的纤维素、维生素，吃了可以长得高，消化系统功能好。你知道你的皮肤为什么没有你姐姐那么好吗？就是因为你不爱吃水果和蔬菜，缺乏皮肤需要的营养。"

"可是我就是不爱吃，吃不进去怎么办？"晚晚嘟着嘴说。爸爸说："其实菜做好了晚晚是不是也很爱吃？我记得有一次晚晚就把爸爸做的香菇油菜吃了好多。"

"好像是啊！"晚晚笑着说，"妈妈，要是你能把菜做得像爸爸那

么好吃我就吃。"

第二天，妈妈向隔壁做饭做得很好的王阿姨学了香菇油菜、干煸蘑菇和干煸豆角这三道菜，中午就给孩子们做了吃。

"这个蘑菇好吃，香菇也好吃，哈哈，豆角也好吃！"晚晚开心地说。

"妈妈，您今天的手艺确实有所见长啊！是比以前的菜烧得好吃。"早早也夸到。

"是吗？"妈妈看着不爱吃菜的晚晚吃得那么开心，自己也很有成就感，"晚晚，好吃你就多吃点菜。"

现在大部分家庭的生活水平都比较高，但是很多孩子仍然会出现营养不良的问题，不是过于肥胖就是过于瘦弱。这些问题多是由于孩子挑食造成的。

有的家长不注重对孩子正常饮食习惯的培养，对孩子过于迁就放任，助长了孩子挑食的坏习惯。有的家长则是有意无意地在孩子面前表现出对某种食物的偏好，造成了孩子的偏食意识，所以自然地加以模仿。有的家长对孩子的身体过于关注，经常强迫孩子进食某些营养食品，从而引起孩子对这些食物的反感。有的家长在幼儿添加辅食阶段没有注意给孩子吃各种食品，使得孩子的味觉对好多食物不适应、不接受。现在还存在大部分80后的家长不会做饭，菜样单一，味道口感不好，所以孩子没有进食的欲望。总之，家长没有让孩子从小养成合理的进食习惯而造成了孩子挑食。

挑食高热量食物的孩子容易肥胖，不爱吃蔬菜水果的孩子容易便秘、维生素缺乏、微量元素缺乏。肥胖、便秘和维生素缺乏、微量元素缺乏都会影响孩子大脑的正常发育，对其造成损害，造成孩子大脑发育迟缓，对其生

◎ 第九章 科学饮食，是孩子智力提高的物质保障

活能力和学习能力都有很大的不利影响。挑食影响孩子智力发育，正常孩子的智力发育指数要比挑食孩子高14分，挑食孩子容易出现注意力不集中的现象。挑食的孩子容易贫血，挑食可使孩子食欲减退，久之可致营养不良及营养性贫血，抗病能力下降，容易患感染性疾病和消化道疾病。

对于挑食的孩子，如果家长经常用威胁、责骂等方法逼迫其吃东西，这样不仅不能纠正孩子挑食，还会使孩子产生逆反心理，导致亲子关系变得紧张。因此，家长在解决孩子挑食问题的时候也要注意方式方法，下面一些教孩子改正挑食毛病的方法供家长参考。

1. 培养孩子正确的吃饭习惯

挑食的孩子往往边吃边玩儿，吃一顿饭常常超过一小时，不仅影响营养的摄入，甚至会造成胃肠道功能紊乱，影响消化吸收，若不纠正会使孩子生长发育迟缓，甚至停滞。

正确的吃饭习惯是让孩子在饭前先喝一小碗汤，吃饭的时候专心吃饭，不看电视，不边吃边玩儿，当孩子一边吃饭一边想别的事情时，往往会花很长的时间，因为注意力常集中在聊天或想别的事情上去了，所以对饱腹感觉反应相对迟钝，造成进食量过大，吃得过饱。在吃饭的时候要让孩子细嚼慢咽，不要吃得过饱。

2. 为孩子准备美味可口的饭菜

孩子不吃自己不喜欢的东西，在一定程度上在于家长的饭菜是否做得好吃可口。比如，有的孩子平时不吃羊肉，但是在吃火锅的时候孩子愿意吃羊肉。所以对于挑食的孩子，家长要注意提高自己的烹饪技术，多多向周围做饭好的人学习，改变以往的烹饪手法。

如果孩子不爱吃水煮海带，家长可以将海带切成丝，做成可口的凉菜让孩子吃；有的孩子不爱吃某一种水果，家长可以将孩子爱吃的水果和不爱吃

的水果一起切成小块拌成水果沙拉让孩子吃，或者可以将很多水果一起榨成水果汁让孩子喝。对于豆类的食物，也可将很多豆类统一榨成豆浆，或者是熬成八宝粥。

总之，家长在平时可以多想好办法把孩子不爱吃的东西做得好吃些，变换以往的方式，以新意吸引孩子食用。

3. 注重饭菜的营养搭配

家长在饭菜好吃的基础上也要注意饭菜的营养搭配，孩子所需的营养物质有许多，如蛋白质、脂肪、无机盐、维生素等，而这些物质在一种或几种食物中是不可能全部含有的，因此防止孩子营养失衡的办法就是在每餐的饮食中都注意营养搭配。对于偏食的孩子，家长更是要注意营养搭配的比例，要多做一些含孩子摄取不足的营养素的饭菜。

下面为家长提供一种普通的营养搭配方案：早晨，牛奶一杯，鸡蛋一个，香肠一根，面包或者馒头一个，水果适量。中午，主食（米饭、馒头），炒各色蔬菜，少量肉，一小碗汤。晚上，粥（小米粥、玉米粥）、主食，烹炒蔬菜适量。

合理的营养是孩子大脑发育的物质基础

大伟今年12岁，正在上小学六年级。虽然他是个男孩，但是也很爱吃甜食，爱吃蛋糕，爱吃饼干和奶糖。

"你怎么又在吃奶糖？看看你的牙都成什么样了？这个吃法你的

◎ 第九章　科学饮食，是孩子智力提高的物质保障

牙不疼才怪呢！"大伟的妈妈看到儿子晚上又在吃奶糖便很生气地对儿子说。

"我就吃了一块。"大伟不好意思地说。

"妈妈要是没发现你不知道会吃几块呢，快把这杯奶喝了然后去刷牙。"

"我不爱喝奶，为什么早上喝了，晚上还必须让我喝啊？"大伟一副不解的表情说到。

妈妈理直气壮地说道："喝奶能补钙，早上喝能给你能量，晚上喝能保证你的睡眠质量。"

"我吃奶糖也能达到这样的效果。"大伟反驳妈妈道。

"奶糖的含糖量特别高，晚上吃太多糖不利于睡眠还会让你长胖，而纯奶中含有蛋白质和钙，不会给消化器官造成负担，而且晚上你的骨骼生长的时候也需要钙，喝奶会让你长个儿，最重要的是能让大脑很好地发育，喝奶会让你变聪明，吃糖会让你变笨，这怎么能一样？"大伟听妈妈这么说，一边喝奶一边笑着说："我要当个聪明的孩子！"坚持了几个月后，大伟果然个子长了些，而且学习成绩也有所提高。

大脑不仅是孩子身体的指挥部，而且也是孩子的智慧所在。营养的缺乏或者不平衡会对孩子大脑的发育产生影响，使智力受到损害，会导致孩子在发育期内智力明显低于同龄儿童水平。脑部的发育是否正常直接关系到孩子的智商高低。孩子的智商高低在一定程度上虽然是天生的，但是后天的学习和开发也可以提升孩子的智商。后天提升孩子智商的物质基础就是合理的营养补充，合理的饮食可以为孩子的大脑发育起到加分的效果。

孩子脑部的发育从胎儿开始，一直到六岁以后逐渐趋于完成。很多家长

只知道在怀孕期和婴幼儿期给孩子补充营养，而忽略了在孩子大脑发育基本完成后继续摄取充足的营养物质维持大脑的进一步发育。

在孩子的大脑发育基本完成后，如果家长不注意给孩子合理的营养补充，不注意培养孩子良好的饮食习惯，供给大脑充足的神经传导物质，那么孩子的大脑就会逐步退化，智商也会降低。大脑最容易受到损伤，如果家长在孩子大脑发育的过程中不能很好地保护他们的大脑，就会影响孩子的一生。家长给孩子补充促进大脑发育的营养物质的方法如下，供家长参考。

1. 让孩子摄取大脑发育必需营养素亚麻酸

亚麻酸是一种益智的脑黄金原料。如果缺乏它的话，孩子的智力和视力都将受到损害。因为α-亚麻酸能在人体内多种酶的作用下，通过肝脏代谢为机体必需的生命活性因子DHA和EPA。DHA和EPA是人的脑细胞膜的重要成分，它们选择性地渗入大脑皮质参与构成乙醇胺磷脂和神经磷脂。DHA作为大脑发育、成长的重要物质之一，是大脑细胞的主要组成成分，是构成脑磷脂、脑细胞膜的基础，对大脑细胞的分裂、增殖、神经传导、突触、树突的生长发育起着极为重要的作用，是大脑形成和智商开发的必需物质。

因此家长可以让孩子在每餐中适量摄入些富含亚麻酸的食物，比如亚麻籽油、大豆油、芝麻油、花生油、核桃仁、松子仁、杏仁、卷心菜、菠菜、花椰菜、莴苣，等等。

2. 让孩子摄取神经传导必需物质胆碱，提升其记忆力。

胆碱，又被称为"记忆因子"，由胆碱合成的乙酰胆碱是一种非常重要的传递介质，对细胞信号传导、神经冲动传导、髓鞘形成和大脑的记忆中心(海马)都起着非常重要的作用。脑细胞之间的传递需要"传递介质"。每一个脑细胞中都有轴突和树突，一个脑细胞通过轴突发出信号，释放出乙酰胆碱，而由另一个脑细胞的树突来接收信息，当孩子大脑中的乙酰胆碱增加时，信息传递速度就能加快，大脑思维也更加活跃，进而有效帮助提升记忆力。

因此家长可以让孩子在每餐中适量摄入些富含胆碱的食物，比如动物肝脏、菜花、鸡蛋、小扁豆和豆腐等等。

3.让孩子摄取脑细胞形成的物质——蛋白质

蛋白质是构成生命的物质基础，是细胞增殖、细胞膜、髓鞘以及形成轴突和树突的重要原料，对促进智力发育起重要作用，其缺乏的直接反应就是孩子智力低下。食入不同含量的蛋白质食物对大脑活动有显著影响。增加食物中的蛋白质含量，能增强大脑皮层的兴奋和抑制作用，而且蛋白质中的合氨酸还能消除脑细胞在代谢中产生的氨的毒性，有保护大脑的作用。

因此家长可以让孩子在每餐中适量摄入些富含蛋白质的食物，比如，猪、牛、羊的肉，鸡、鸭、鱼、虾、蟹、鸡蛋、鸭蛋、牛奶、羊奶、黄豆、青豆、黑豆、豆腐、豆浆、花生、核桃、瓜子，等等。

贪吃的孩子不但胖，还显得笨笨的

小美是个小学生，但是体重已经有45千克了。

小美的嘴总是不能停下来，早上刚刚吃了妈妈给自己准备的早饭，上午课间还会去学校超市买好多零食。爱吃的小美有时上课的时候还会经不住诱惑偷吃几口，不能专心听讲。

胖胖的小美心地很善良，但是同学们还是会嘲笑她的身材。

一次课间小美又买了好多零食，几个男同学笑着说："小胖墩，哈哈！今天又买了啥好吃的，给我们分点呗！"

"行啊，买的都在这儿，你们随便拿！"小美毫不犹豫地说。

"小美，你买这么多东西得花多少钱啊？也就是你家有钱能让你天天买这么多好吃的。"小美的同桌花花惊叹道。

"五样花了二十三块钱，也没花了多少。"小美一边数着自己的零食一边说。

"这还没多少！可是好像不对吧，这些零食怎么能花了那么多，我帮你再算算。一个奥利奥五块五，一袋锅巴三块，一袋三加二饼干四块五，一包米老头五块，一包方便面一块，这才十九，你多给了四块钱呢！"花花帮小美算着。

"是吗？花花，你的计算真快！我还没反应过来呢！"小美不可思议地看着花花说："超市的阿姨真是不靠谱，我这就去找她。"

"你自己买东西的时候不看价钱啊？你怎么不自己算算？"花花对小美说。

"看了，可是你又不是不知道我的计算水平，当时旁边的人着急买东西，我还没算出来阿姨就问我要钱了。"

周围的男同学嘲笑道："小美，你原来不只是个小胖墩，还是个小笨蛋啊！"

小美瞪了大家一眼，又跑去超市找阿姨重新算钱了。

同桌花花摇摇头说："有那么难算吗？这计算速度真是太差了。"

现在孩子营养不良并不都表现为体弱消瘦，肥胖、发育迟缓、认知能力和代谢能力低下等都被认为是营养不良的表现。

◎ 第九章 科学饮食，是孩子智力提高的物质保障

孩子贪吃同样影响着他们身体和智商的发育，甚至会损坏孩子的大脑，影响孩子大脑的认知功能和学习能力。

贪吃的孩子不仅身体易肥胖，动作不灵敏，而且他们的大脑也会肥胖，脑组织中的脂肪含量也会超标，使孩子大脑的褶皱变得越来越少，大脑的沟回越来越浅，大脑皮层变得薄而平，神经网络内信息的传递也变得越来越慢，所以贪吃的孩子看起来笨笨的。

具体来看，贪吃会使孩子大脑的血流量减少。贪吃的孩子的消化系统长期处于超负荷的工作状态，体内大量的血液集中在消化道内，而孩子体内血液的总量是一定的，当它更多地分配给消化道时，其他部位的器官、系统得到的血液量就会减少，孩子的大脑自然也会因血液供给不足而缺氧。贪吃的孩子的大脑主管肠胃消化的自主神经中枢长时间处于兴奋状态，而与其相邻的语言、思维、记忆和想象等大脑智能区就不能很好地发挥其作用，这样孩子大脑智能区的生理机能就会被抑制。此外，贪吃可能使孩子的大脑功能提前衰退。贪吃可使孩子的机体产生大量的叫作纤维芽细胞的生长因子，这种因子不仅会使孩子的动脉硬化，还会让他们的脑功能提前衰退。

如果家长不注意控制孩子的食量，培养孩子健康的饮食习惯，孩子的身体和智力都会受到严重的影响，很不利于孩子未来的发展。下面是教孩子控制饮食的方法供家长参考。

1. 教孩子均衡饮食

贪吃的孩子通常都不愿意吃蔬菜水果和各种杂粮，喜欢大量摄入的都是十分精细的食物，所以孩子特别容易便秘。便秘给孩子带来的后果是使肠道产生了一些有毒有害的物质，这些物质经血液就会进入孩子的大脑，脑神经细胞就会出现慢性中毒的症状，影响孩子大脑的正常发育。所以对于不能自己控制自己均衡饮食的孩子，家长要限制他们每天所摄入的食品的种类，每

天给孩子安排固定的饮食标准。比如：一天一个苹果，一天一杯豆浆，一天一碗杂粮粥……

2. 让孩子按时按量吃饭

贪吃的孩子通常是想吃什么就吃什么，想什么时候吃东西就什么时候吃东西，没有规律的饮食时间和食量特别容易让孩子肥胖。每天一日三餐，家长要给孩子安排好时间和食物的种类，比如早上7点的时候给孩子安排丰盛的早餐：一杯奶，适量的含淀粉和糖类的主食，一个鸡蛋和一小碟蔬菜；中午12点半的时候给孩子安排适量的午餐：适量的主食，荤素搭配的两三种菜，一碗汤，晚上6点时给孩子安排少量的晚餐：一碗粥、少量主食和适量的素菜。特别要注意的是晚上7点以后就不要让孩子再吃东西，因为晚上孩子的各项器官都已经处于休息状态，不会再消耗孩子所摄入的能量，他们所吃的东西只能给各种器官造成负担，成为孩子身上的脂肪。总之，就是要孩子在该吃饭的时候吃饭，不能想什么时候吃就什么时候吃，要让孩子控制自己的食量，不能想吃多少就吃多少。对于自制力差的孩子，家长在饮食上对其的控制和监督十分必要。

3. 教孩子不吃或少吃零食

贪吃的孩子都很爱吃零食，尤其是膨化食品，以及薯片、饼干、蛋糕等含糖量和含脂量特别高的食物。这些食品都属于三餐之外的零食，所谓的"休闲食品"。如果孩子能够控制自己的食欲，每天只吃一点则没什么大碍，但是如果孩子把零食当饭的话，那么这些垃圾食品对孩子身体的影响是显而易见的，对孩子大脑的发育也是有百害而无一利的。所以家长对于爱吃零食的孩子要让其控制自己的食欲，少吃零食。而对于已经处于肥胖的孩子，家长则坚决不能给孩子买零食，不能允许其继续吃零食。

◎ 第九章　科学饮食，是孩子智力提高的物质保障

孩子的膳食应科学合理地安排

　　天天的妈妈是位营养师，她不仅十分关心孩子的学习成绩，而且还很注意天天的饮食健康。

　　有一次，天天的妈妈去学校给孩子开家长会。

　　"天天妈妈，你们天天的学习成绩真是好，每次都能在班里排到前几名。"天天同桌小小的妈妈对天天的妈妈说道："我家女儿的学习越来越差，每天没精打采的，不知道在学习时都干些什么，真拿她没办法。"

　　"是吗？你女儿小小每天都没精打采？这么小的孩子不应该呀，孩子精神不好学习肯定不能好。"天天的妈妈和小小的妈妈解释道："孩子要想学习好首先得有充沛的精力，天天在学校思维能这么活跃也是身体的营养十分丰富的结果。"

　　"你每天给孩子吃什么呢？"小小的妈妈问道。

　　"首先每天要保证孩子的能力，一日三餐主食是不可缺少的，但是也不能总给孩子吃白面精米，也要给孩子吃点杂粮和粗粮。每天要给孩子吃点水果，最好能变化着吃，不同的水果富含不同的维生素。早饭和午饭让孩子吃饱，晚上不要让孩子吃太好，不然他晚上睡不好，第二天也不会有精神。总之，注意给孩子荤素搭配，主食和副食搭配。"天天的妈妈耐心地解释道。

"原来是这样，怪不得我女儿每天早上起来没精神，她就是晚上总会吃很多，总说刚吃完饭睡不着，看好久电视才去睡觉。看来孩子的学习状态和她的饮食习惯有很大的关系啊！我这次回去就好好和她说说，把一日三餐安排好。"小小的妈妈赞同道。

孩子正处在体格生长与智力发育迅猛的时期，营养是保证孩子生长发育和身心健康最重要的因素，孩子生长发育得好坏，对他的一生有很大的影响。所以家长在照顾孩子饮食生活的时候就要注意合理安排孩子的膳食。

适合孩子的合理膳食的结构应为：热量均衡分配，饥饱不过度，不偏食，不暴饮暴食或填鸭式进餐，晚餐不丰盛，入睡前不吃夜宵；主食以谷类为主，粗细搭配，粗粮可选玉米、莜面、燕麦等，保证足够的碳水化合物；适度增加豆类食品，在烹饪中提高蛋白质的利用率；增加含脂肪酸较低而蛋白质较高的动物性食物，如鱼、禽、瘦肉等，减少陆生动物脂肪，不宜食用过多，否则会造成肥胖；食用油保持以植物油为主；膳食成分中应减少饱和脂肪酸，增加不饱和脂肪酸，以脱脂奶代替全脂奶；保证孩子每日都能吃到新鲜水果及蔬菜并注意增加深色或绿色蔬菜比例；减少精制米、面、糖果、甜糕点的摄入，以防摄入热量过多；膳食成分中应含有足够的维生素、矿物质、植物纤维及微量元素，应适当减少食盐摄入量；让孩子少饮含糖多的饮料。

如果孩子缺乏某一种营养或摄入的食品热量不足，就会影响孩子的生长发育，轻者消瘦，重者患营养缺乏症，为使孩子能取得足够的营养，家长每周、每天都应按时更换食谱。家长应本着多样、平衡、适度的原则，力求做到精心设计、合理搭配，按照孩子的营养需要合理搭配膳食，主副食并重、

◎ 第九章 科学饮食，是孩子智力提高的物质保障

粗细粮搭配、荤素搭配、甜咸搭配、干稀搭配，两餐主副食不重复。下面列出一些合理安排孩子每周和每天膳食的注意事项，供家长参考。

1. 家长要做到给孩子定时进餐

由于生物钟的作用，每天给孩子按时吃饭，他的胃就会养成定时进行生理活动的习惯，每到吃饭时间胃便按时分泌胃液，按时蠕动，有利于食物的消化和吸收。如果不按时给孩子吃东西，就会使胃产生疲劳，引起功能紊乱，食欲减退，影响食物的消化与吸收。

2. 孩子进餐时要保持环境安静、情绪愉快

不论孩子犯了什么错误，都不要在孩子吃饭时进行斥责。因为在情绪波动和紧张的时候，食欲会减退或消失，唾液和胃液的分泌量也会随之而下降，这样势必会影响进食量和食物的消化吸收。孩子哭泣时，千万不要强迫他吃饭。边哭边吃，容易把饭粒或菜屑呛入气管，引起意外。

3. 教孩子细嚼慢咽、不暴饮暴食

遇到传统佳节、饭菜味美可口的时候，有的孩子就会放开肚子大吃一顿，超过了平时的正常饭量。这种吃法对身体害处很大，要坚决避免。

有的孩子看到自己喜欢吃的东西就会开始狼吞虎咽，这样不利于消化，也不是一种好的饮食习惯。家长要教孩子学会细嚼慢咽，但又不要吃得太慢。有些孩子在吃饭时玩耍，思想很不集中，一口饭含在嘴里不嚼不咽，一餐饭往往要吃一个小时。这样不但浪费时间，而且冷饭凉菜进入胃里会影响身体健康。为了解决孩子吃饭慢的问题，应该注意饭菜的花色品种和色香味，使孩子看到闻到就产生想吃的欲望。可以让孩子和大人一起进餐，边吃饭，边向孩子介绍菜名，讲解饭菜的营养，赞赏各种菜肴的美味。例如，在饭桌上做母亲的把菜夹给祖父、祖母，大家都称赞这菜好吃，然后也夹一些给孩子。所以很多家长会感到孩子在人多的时候吃的东

西更多，吃饭更香了，这是因为孩子受到了大家的感染，不知不觉地吃得快了，吃得多了。

让孩子远离垃圾食品才有益于大脑发育

一般而言，家长非常清楚垃圾食品对身体健康产生的影响，垃圾食品的营养质量差，会导致孩子营养缺乏，容易让人不知不觉发胖，不利于预防慢性疾病，但是很少家长能认识到它对人脑的危害。很多家长都认为，孩子生活紧张、学习压力大是造成其精神异常，大脑迟钝的主要原因，殊不知爱吃零食、薯条等垃圾食物、长期饮食不均衡、营养不足也会使孩子记忆力衰退、反应迟钝、精神过度紧张，不利于孩子大脑的发育。

垃圾食品经过炸、烤、烧等加工工艺使营养成分部分或完全丧失，在加工过程中会添加或者生成对人体有害的物质。比如，麻花、馓子等煎炸小食品，煎炸的油经过长时间加热，脂肪酸发生有害化学变化，会引入多种有害成分，为改善口感，常常在其中添加含铝过多的明矾做食品添加剂。很多孩子爱吃薯片，薯片的原料是富含钾和维生素B的马铃薯，但是在煎炸的过程中吸收了大量油脂，维生素损失严重，而且形成了不利于健康的"丙烯酰胺"类物质。

方便面、膨化小食品、汉堡包、速冻食品、罐头食品这些看起来美味，食用简单方便的东西都属于垃圾食品，快餐类的食品，保质期时间长的食品都不利于孩子的健康，因此家长要买新鲜的蔬菜和水果给孩子吃，提高自己

◎ 第九章　科学饮食，是孩子智力提高的物质保障

的厨艺让孩子远离垃圾食品。

健康的食物能使孩子精力充沛，反应灵敏，集中精力，保证孩子的记忆水平，所以家长要让孩子远离垃圾食品。下面列出了一些教孩子远离垃圾食品的方法供家长参考。

1.帮孩子树立健康饮食的观念

家长可以通过平时和孩子的聊天，告诉孩子吃垃圾食品对自己的危害十分大，要按时按量吃饭少吃零食。比如，家长可以利用孩子比较喜欢的人物告诉他，这个人在小的时候就不吃垃圾食品，所以才长得这么漂亮，性格才这么勇敢善良。孩子可能不能立刻接受这种观念，立即在行动上有所改变，但是家长重复的次数多了，孩子就会被正确的观念潜移默化地影响。孩子在吃垃圾食品的时候就会犹豫：我吃这个是不是不对？

2.转移孩子的注意力

垃圾食品虽然没有营养价值，但它总是可口美味的，所以很多孩子总是经不住美味的诱惑，总想让家长给自己买。对于这种孩子，家长要学会转移孩子的注意力，使孩子将注意力转向其他方面，比如图书、玩具、水果等，从而减小他对垃圾食品的欲望。

总之，家长在孩子对垃圾食品渴望的时候，家长要学会转移他们的注意力，让孩子把这种渴望抛到脑后。

3.提高自身厨艺，丰富孩子的饮食

如果家长做的饭菜足够好吃，满足了孩子对"食"的需求后，孩子对垃圾食品的欲望就会随之减小，不经常想着吃零食了。

在平时的饮食中，家长要让孩子多吃水果蔬菜，坚果、奶制品等富含维生素和矿物质的食物，把孩子小小的胃占满，饱饱的感觉就不会让孩子再生出吃其他东西的欲望。家长可以想方设法让孩子爱吃家里做的饭菜。比如，

周末的时候，家长可以和孩子一起做上一盘水果沙拉，各种颜色的果肉和蔬菜拌在一起，浇上乳黄色的蛋黄酱，赤橙黄绿，鲜亮又诱人。家长还可以将沙拉摆出各种形状吸引孩子的眼球，这样孩子肯定会感到家里做的饭比包装袋里的食品更具吸引力，自然不会想吃垃圾食品。

第十章
给孩子创造一个利于开发智力的成长环境

◎ 第十章 给孩子创造一个利于开发智力的成长环境

越爱质疑，孩子就越聪明

周五的下午，张女士去学校接放学的儿子小小。

路上，小小捡了一根树枝玩儿着，然后给掰断了。他发现，掰断的地方是五角星的样子，于是就掰扯着看了半天，他发现还真的越看越像五角星。于是他问妈妈："妈妈，这树枝掰断的地方怎么像五角星啊？"说着，就举起树枝给张女士看。

张女士拿着树枝看了看，确实是五角星的样子，不过她也不懂这是怎么回事，想了想，说："小小，妈妈也不知道这是怎么回事，不过我觉得这是一个科学秘密，咱们回去研究研究怎么样？说不定是很重要的发现呢！"

小小对科学方面的东西很感兴趣，听妈妈说有科学秘密，马上点头说："好啊好啊！妈妈，咱们赶紧回家研究五角星。"

小小查了半天书，也就翻到一个比较靠谱的答案。书里面提到：树枝是有关节的，树枝至少会有一条像缝一样的关节，当树枝从关节那里折断的时候，截面就会出现五角星。所以，折断树枝的时候，要想看到五角星必须从关节那里折断。

小小发现这个新知识之后，对科学的好奇心更重了。

案例中小小妈妈的做法是正确的，在孩子有疑问的时候没有打击孩子，保留了孩子的好奇心，让孩子自己去寻找答案。伟大的哲学家亚里士多德有句名言："思维自疑问和惊奇开始。"当孩子质疑时，就是孩子发现新事物的开端。

但是，让孩子学会用质疑去解决问题不是一件容易的事情，这就对家长教育孩子的方式提出了更高的要求。

在日常生活和学习中，家长要给孩子创造一个良好的情境，激发孩子的质疑能力，让孩子运用质疑去思考问题。

家长要鼓励孩子质疑，鼓励孩子思考，激发孩子对事物的好奇心。质疑事物是创造新事物的前提，因为质疑，世界上才会出现电话、电脑等物品。

家长要保护好孩子的好奇心，和孩子一起探索世界。质疑是孩子创造新事物、发现新世界的开始，当孩子有了疑问的时候，他就会开始探索和学习，而在探索和学习的过程中，孩子会得到很多有益的东西，比如能力的提高、知识储备的增加，等等。而这些对孩子来说，都是受益终身的。

在这里，有几点建议供家长参考。

1. 让孩子学会质疑

在宽松的生活和学习环境中，孩子的求知欲望是强烈的，会努力探索世界，勇于发表自己的意见，敢于大胆创新。

家长应该根据孩子的年龄和心理，采取适当的方法激发孩子探索的欲望，培养孩子的质疑能力。

除此之外，不管孩子有什么问题，家长都应该鼓励孩子去寻找答案，肯定孩子的质疑是必要的。孩子的年龄比较小，很多想法是不成熟的，但是孩子提出这些问题的过程就是一个完善自我的过程。家长可以创设情境，让孩子主动提出问题。比如，自行车的工作原理是什么，暖气的排水系统是怎样的，等等。孩子提出疑问，就迈出了最重要的一步，发现问题是解决问题的关键。学会质疑远比解决问题来得更重要。家长应该鼓励孩子质疑。

2.创造问题环境让孩子产生疑问

在生活中，家长应给孩子创造一个开放性的思考环境，并且设置一些疑问给孩子，激发孩子质疑的欲望。让孩子学着去提问，学着质疑，这对孩子的创新能力和智商发展有着极大的好处。

比如，孩子读科学杂志的时候，家长可以问孩子这本书讲的是什么内容，里面讲的自然现象都是怎么形成的，能不能用道具创造一些自然现象。这类问题可以激发孩子的好奇心，增强孩子思维的严密性。一个有意义的问题可以激发孩子创新的火花，让孩子进入问题环境，孩子的质疑、思维能力都会得到极大的发展。

3.教孩子掌握质疑规律

提出问题比解决问题本身更为重要。所以，质疑是一种非常重要的能力。家长可以教孩子质疑的规律，也就是如何发现问题。

要想发现问题，第一要注意观察，勤于观察才能发现事物的变化，才能从中找出疑问。第二，学习他人的思考方式，观察别人是如何提出疑问的。第三，多接触新鲜事物，看到的新事物多了，孩子才能提出疑问。

能灵活运用换位思考的孩子更聪明

期中考试结束之后，有人欢喜有人忧。

邓建考得不错，他的同桌蒋行就考得有些糟糕。邓建的分数是85分，蒋行的分数是48分。

邓建说："你怎么考得那么差呢？肯定没有好好复习吧！"

蒋行没有理他，自顾自开始改卷子。

坐在前面的董庄听了邓建的话，扭过头对邓建说："你考得也不怎么样嘛！要不要看看我的卷子。"

董庄是班里的数学课代表，数学成绩一直都是年级第一名。这次也不例外，又是100分。

邓建瞪了董庄一眼，也开始改卷子。

董庄说："你也不爽了？记住，多考虑一下别人的感受，益人益己。"

蒋行考试成绩不理想，邓建还刺激蒋行，董庄看不过去，就"教训"了一下邓建，让邓建体会了被别人奚落的滋味。如今，很多家庭只有一个孩子，家长对孩子都比较宠爱，而这就造成了一个问题——孩子的自我意识太强，不懂得照顾他人的感受。

自我意识强的孩子思考问题的时候往往都是从自己的角度出发，这样做有两个坏处：一是孩子处理不好人际关系；二是孩子思考问题的方式过于单一，处理问题盲目且不理智。

换位思考，即想他人之所想，从对方的角度思考问题，关键在于理解他人。孩子要学会信任并且理解他人，这是建立和谐人际关系的前提。

换位思考是孩子人际交往的润滑剂，可以拉近孩子与他人的关系，懂得站在他人角度思考问题的孩子，有更强的团队协作能力和管理能力。由此可见，家长教孩子学会换位思考对于孩子的未来成长是非常必要的。

在学校，孩子与同学发生摩擦是经常发生的，一般不会涉及原则性问题，但是孩子可能处理不好，家长可以利用这些机会教育孩子，让孩子明白什么是换位思考，在实际的生活和学习中学会用换位思考去解决问题，让孩子了解他人当时的心情，学会从他人的角度思考问题。

◎ 第十章 给孩子创造一个利于开发智力的成长环境

以下建议供家长参考。

1.教孩子换位思考的步骤

运用换位思维的步骤是：首先，让孩子清楚明白地知道发生了什么事情，自己梳理事情的前因后果，在梳理事情的过程中，学会从不同的角度去思考这件事情。其次，家长应该询问孩子一些问题，让孩子回答。比如，孩子和对方发生了矛盾，家长可以问孩子：如果对方这么做，你的心里有什么想法？为什么要这么做？等等。让孩子明白自己做得对和做得不对的地方。最后，家长可以让孩子站在自己的角度和对方的角度提出解决问题的不同方案，增强孩子对换位思考的理解。完成了这些步骤之后，家长可以给孩子讲讲换位思考的意义和换位思考带给孩子的好处，让孩子学会辩证地分析和思考问题。

2.教孩子学会倾听他人的想法

多了解其他孩子的想法，懂得倾听他人的话，孩子才能明白对同一个问题不同的人有不同的看法。学会倾听可以增强孩子对他人想法的理解力，化解孩子之间的小矛盾，增强孩子间的和谐关系，让孩子在这个过程中得到锻炼，懂得站在对方的角度思考问题。

换位思考的精髓就是懂得倾听。每一个孩子在遇到事情的时候，都会采取自己认为最合理、最正确的办法解决问题，而决定孩子采用什么办法来解决问题取决于孩子考虑问题的角度。家长在平时的生活中，应该倾听孩子的想法，让孩子明白倾听是非常重要的。倾听是互相的，在让孩子倾听的同时，家长也应该倾听孩子的话。

3.教孩子下象棋之类的益智游戏

小时候，多多常常和爷爷一起下象棋。刚开始的时候，多多根本不会下象棋，后来在爷爷的教导下，多多渐渐明白了下象棋的规则，也开始喜欢下象棋了。

多多和爷爷下象棋没有几次能赢,而偶尔赢了,多多就特别开心。

爷爷对多多说:"下象棋的时候,不能光考虑你要怎么走子,你必须站在对方的角度去思考:这是一个博弈的思维过程。你要从你赢的棋局的角度出发,考虑你的决策和对手的决策。下棋和做人是一样的道理。"

多多说:"嗯,爷爷,我知道了,但是我如何才能了解对方的心理呢?"

爷爷说:"这就需要你勤于观察了,比如,对方的谈吐、处事方式等,再结合你的想法,揣摩对方的心思。这是一门很深的学问。"

多多回道:"嗯,我会听爷爷的教诲,学会站在对方的角度思考问题。"

爷爷的话对多多产生了影响,多多发现,换位思考是非常有利的一种思维方式。下棋的时候,换位思考可以增加多多赢得棋局的概率;与人相处的时候,换位思考能扩大多多的人际交往范围,与他人建立良好的关系。

换位思考就是说孩子应学会站在对方的角度思考问题,这样,孩子就可以最大程度地理解对方的想法,从而找出解决彼此摩擦的方法。换位思考是一种实用性思维方式,家长要及早培养孩子换位思考的能力。

◎ 第十章　给孩子创造一个利于开发智力的成长环境

轻松愉快的家庭更易培养出聪颖的孩子

张旭就读于南城三中初一（三）班。

张旭不仅不好好学习，还经常捣乱，班主任说了张旭很多次，他都没有改正这些问题。班主任在每次给张爸爸或者张妈妈打电话反映张旭的问题时，张旭爸爸妈妈的态度都很好，他们也保证会好好教育张旭，但张旭的情况没有一点改善。于是，班主任决定上门家访。

在家访的过程中，班主任发现，张旭爸爸妈妈的关系不是很和谐，两人发生矛盾的时候会当着孩子的面争论。在生活中，除了给张旭很多零花钱之外，再没有其他的关心方式，而且两人的工作非常忙碌，根本顾不上照看张旭。而张旭之所以经常性地旷课、捣乱，都是想让爸爸妈妈多关心他一点。他在这样的家庭中根本不快乐。

在家访的过程中，班主任和张旭的爸爸妈妈说到了这些事情。两人这才发现，自己对孩子的关心确实太少了。而且两人都忙于工作，也就忽略了这个问题。他们表示，会尽快纠正这个问题，同时要改变不和谐的现状。

一个学期过后，班主任看到了张旭的变化。他不仅学习成绩进步很大，遵守学校的规章制度，还变得很有礼貌。

张旭的爸爸妈妈工作忙碌，两人关系不和谐，从而忽视了家庭环境对孩子成长的影响。班主任登门拜访之后，两人才意识到快乐的家庭氛围对孩子的成长有多大的好处。

19世纪初，瑞典的一位资深心理学家做过一项实验，这项实验的目的是研究家庭环境和谐与否与孩子智商发展以及未来前途的关系。这位心理学家对四千名独生孩子进行了跟踪调查。这项耗时又耗力的实验证明：在和谐的、常常有笑声的家庭里成长的孩子的智商比不和谐的家庭中成长的孩子的智商要高得多。而且，那些在和谐家庭环境中成长起来的孩子大多都有不错的前途。

家庭是孩子成长学习的重要场所，在其乐融融的家庭环境中，孩子知道如何关心他人。在温暖和谐的家庭中长大的孩子，性格大多开朗活泼，拥有良好的人际关系。在快乐的家庭中长大的孩子学习比较努力。为了充分开发孩子的智力，家长应该给孩子创造一个轻松愉快的家庭氛围，以便孩子养成良好的学习习惯和工作习惯。

另外，亲子活动可以拉近家长与孩子的关系。家长给孩子讲睡前故事、带孩子去参加亲子活动、带孩子去野营、教孩子音乐，这些亲子活动对孩子的成长都是有好处的。家长带孩子观察生活，激发孩子的好奇心，让他产生求知欲，从而达到开发孩子智力的目的。

有些家长会忽视家庭关系对孩子学习的影响。大多数家长认为：只要给孩子创造良好的物质条件就够了，实际上和谐的家庭环境对孩子来说更重要。比如，在和谐的家庭中长大的孩子总是比不和谐家庭中长大的孩子要努力、上进。

如果家长经常在孩子面前争吵，导致家庭关系紧张，孩子可能会变得自卑，甚至崇尚暴力。开朗活泼的孩子可能会变得郁郁寡欢，失去对学习的兴趣。这对孩子的未来发展是非常不利的。所以，其乐融融的家庭环境对孩子的成长是至关重要的。

在这里，有几点建议供家长参考。

◎ 第十章 给孩子创造一个利于开发智力的成长环境

1. 要善于带孩子发现和享受生活中的乐趣

生活中充满了美好的事情，而孩子需要有一双善于发现的眼睛才能看到。家长要善于帮助孩子发现和享受生活中的美，让孩子感受到生命和家庭的美好。

人们常说，一个人所认为的世界与其看世界的角度有关，看世界的角度与其内心有关。对孩子而言，这句话可以这样理解：孩子看到的世界与他思考问题的方式、知识层面、心理状态有密切关系。一个快乐的孩子看到的世界是充满欢笑的。家长应该多带孩子出去观察生活、爬山、旅游、帮助陌生人，这些都是发现生活中的美好的好办法。只有孩子发现了生活中的美好，才能学着去表达自己的爱，学会与人为善。

2. 宽容孩子的错误，帮助孩子成长

毕竟，孩子心理是不成熟的，犯错误在所难免。家长要宽容孩子的错误，给孩子成长的机会和时间。家长过度苛责孩子，会给孩子很大的心理压力，久而久之，孩子会不快乐甚至一味地逃避。

孩子犯错误了，家长应该帮助孩子分析犯错误的原因，以及如何改正这个错误。孩子因为错误而失去信心，家长应该鼓励孩子重新尝试，用宽容的态度帮助孩子成长。

快乐宽松的家庭环境会让孩子变得积极上进，他会成长为一个开朗乐观的人。在这样的家庭环境中生活，孩子会很轻松。而轻松的家庭氛围会让孩子有更大的机会成功。

3. 教孩子在困难面前笑一笑，笑对困难

每个人在生活中或多或少都会遇到困难，而如何对待这些困难决定了一个人未来几年甚至一辈子的发展，孩子也不例外。

首先，家长要给孩子做好榜样，家长在遭遇困难的时候不应该垂头丧气，而应该积极想办法解决问题。家长要以亲身经历让孩子明白，没有什么困难是解决不了的。

其次，孩子遇到困难的时候，家长应该鼓励孩子克服困难，不要让孩子产生畏难心理。家长应该告诉孩子：在面对困难的时候要乐观，不管最后困难解决到什么程度，只要尽力去做就是成功。

安静的环境有助于提高孩子的学习效率

叶枫的家是在市区的繁华地段，当初叶枫的爸爸之所以选择在这里买房子，是因为这里的交通非常便利，孩子上学不会耽误时间。要知道，现在的城市交通拥堵问题很严重。

本来，这里交通、购物、娱乐都很方便，一家人很享受这里的生活环境。

但是，后来出现问题了。城市规划把这里划为新的开发区。

因为这里是市区的繁华地段，所以人很多。自然，这里成了商家聚集的场所。商家增多，各种各样的广告牌林立，各个商户用不同分贝的声音播放着自己的广告，叶枫待在家里也隐隐约约会听到外面的声音。叶枫刚上初一，还是小孩子心性，对外面的广告好奇得不得了。写作业的时候总是不专心。

最近，叶枫的爸爸在想：是不是该搬家？

交通便利的地方有大大小小的商户，宣传广告无可厚非，但是这些广告确实会对心性不定的孩子造成影响，尤其是在孩子学习的时候。案例中的叶

◎ 第十章　给孩子创造一个利于开发智力的成长环境

枫是个孩子，对这些东西自然很感兴趣。而叶枫的爸爸想给叶枫提供一个安静的学习环境。

家庭是孩子最早接触的环境，所以家庭中的环境对孩子习惯的养成起着非常重要的作用。一个安静良好的环境可以让孩子把注意力都集中在学习上，全神贯注地解决自己遇到的学习问题。久而久之，孩子的学习成绩不仅会得到提高，而且学习能力也会有大幅度地提升。

在中国的传统教育中，尤其重视环境对孩子的影响。"孟母三迁"的经典故事就深刻地说明了环境对孩子的重要影响。这个故事说明：家长一定要充分重视环境对孩子学习习惯和智力开发的作用，尽自己的努力给孩子创造一个安静、良好的学习环境。

安静的环境对孩子的学习确实会产生一定的影响。这就是为什么班级里要有班长、纪律委员的缘故。比如，在自习课上当孩子们低声说话时，纪律委员会大声地说："请大家好好学习，不要说话了。"这样做就是为了给班级里的同学提供一个安静的学习环境。

安静的环境有利于孩子思考问题，嘈杂的环境会影响孩子注意力的集中，导致孩子思考问题的时候分神，学习效果会大打折扣。

在这里，有几点建议供家长参考。

1.给孩子一个良好的心理环境

家长应该给孩子创造一个轻松、愉快的生活环境，不要给孩子压力。家长重视孩子的学习成绩无可厚非，但过高的要求会给孩子很大的心理压力，进而影响他的兴趣发展。

壮壮今年六年级，成绩属于中等水平。

期末考试的时候，壮壮数学得了97分，班级里有12个人得了满分。

壮壮的爸爸看到这样的成绩单，急了，马上给壮壮安排了补习班，他说:"现在差几分不要紧,但是不能让孩子输在起跑线上。"

其实,这样做是完全不必要的。小学阶段的孩子主要是培养好的学习习惯,为将来的学习打下好的基础。家长这样做,会带给孩子很大的心理压力,让孩子无所适从。家长应该给孩子一个良好的心理环境,比如孩子学习的时候不要打扰他,给孩子充分的自由,不要对他的学习习惯和学习成绩过度苛责。家长只要好好鼓励孩子就可以了。

2. 家长保持良好的学习习惯,以此影响孩子

好的榜样会给孩子向上的力量。家长应该提高对自身的要求,多读书,提高自身的修养,养成良好的学习习惯,给孩子做一个好榜样。家长对孩子的影响是别人没有办法比的。一个孩子的学习习惯、为人处世的方式、性格都和家庭环境有着密切的关系。比如书香世家的孩子一般都有很好的学习习惯,学习成绩一般都不错。这体现了家庭环境对一个人的熏陶作用。

家长每天手不释卷,孩子耳濡目染也会喜欢上读书。学习成绩好不代表孩子的学习习惯就好,学习包括读书、学习新的技能,等等。

3. 家长要尽量给孩子创造安静的学习环境

家庭不仅是休息的地方,还是孩子学习、生活的重要场所。

有条件的话,家长可以给孩子安排单独的学习空间,让孩子在安静的环境中学习。没有条件的话,就尽量不要让孩子受到干扰。比如家长看电视时把音量调低一点,或者等孩子写完作业再看电视。

孩子学习的时候需要一张干净整洁的桌子,桌子的颜色最好以素色调为好,鲜艳杂乱的颜色会影响孩子学习的情绪,分散孩子的注意力。桌子、椅子的高度比率要符合孩子的身高,这样学习的时候才会舒服。灯光要柔和,房间的墙上可以挂一些名人名言,激励孩子好好学习。

◎ 第十章　给孩子创造一个利于开发智力的成长环境

孩子喜欢体育锻炼大脑更灵活

宋宋是一名六年级的学生，他不仅学习优秀，而且喜欢运动，各种各样的运动他都喜欢，虽然谈不上特别擅长，但是运动已经成为他缓解压力、释放情绪的主要方式。

一到冬天，小区里的孩子就会频繁感冒，而宋宋却没事。

一次，楼下的邻居张婶婶来宋宋家串门，说："我家孩子的体质太差了，这不，又感冒了，虽说不是什么大病，但感冒也不好受啊！"

宋妈妈说："张姐，你应该让孩子在周末或者放假的时候多出去运动运动，增强体质，还锻炼孩子的思维。"

张婶婶听了，说："增强体质我能理解，这锻炼思维是怎么回事？"

宋妈妈说："首先呢，体育运动会促进孩子激素的分泌，增强孩子大脑皮层的反应，使他对周围事物的敏感度提高。比如说宋宋老出去打篮球，打球的时候，宋宋要和团队有很多的协作，必须注意自己的队友是否要传球，对方的队员准备怎么阻止自己，这些都锻炼了宋宋的观察判断能力。"

张婶婶听了，说："怪不得你家宋宋学习那么好，原来是你们教育有方啊！我以后得常来，讨要一些教育方法。"

案例中宋宋的妈妈认为，体育锻炼不仅可以增强宋宋的体质，还可以锻炼他的思维能力。这是毋庸置疑的。体育运动员的思维反应能力比一般人要强就证明了这个观点。家长要重视体育锻炼对孩子智力发展的作用。曾经有医学专家说过:"常常参与体育运动的孩子,智力水平比同年龄孩子的智力水平要高一些,运动对孩子脑细胞的发育有极大的促进作用,刺激孩子的思维发展。"国外的生物学家曾经做动物实验来验证这个结论,研究结果表明:每天运动的小动物的神经细胞比不运动的小动物的神经细胞要多,大脑细胞的分支更加地复杂。由此可见,体育运动与思维能力的发展有关。体育运动的好处有以下几点:第一,体育运动可以提高孩子脑细胞的活力,刺激大脑皮层。第二,缓解孩子在高强度的学习中产生的疲劳感和紧张感,增强孩子神经反应的能力以及孩子的肢体协调性和均衡性。第三,在体育运动过程中,孩子的血液循环会加快,脑细胞得到更多的营养物质,大脑会更灵活,有效地提高孩子的思维敏捷程度。第四,体育运动可以有效地提高孩子的学习效率,增强孩子的记忆力。所以,长期坚持体育运动的孩子头脑会更清醒,思考力更强。

现在的孩子体育运动越来越少,一些学校为了追求升学率,甚至取消了体育课。这对孩子的成长是非常不利的,片面地注重孩子理论知识的学习和学习技能的培养是一种错误的教育方式。家长要鼓励孩子参加体育活动,在体育活动中释放压力。另外,体育锻炼要适度,过度锻炼对孩子有坏处。

在这里,有几点建议供家长参考。

1. 让孩子了解一些必要的运动常识

最近伙食比较好,果果明显胖了一圈。于是,她决定减肥。

每天晚上,果果会出去跑步一个小时,然后再回来转半个小时的呼啦圈,睡觉之前还会在床上空蹬自行车半个小时。几天后,果果发现自己的小腿有些不对劲。去医院检查之后才知道,是运动过度了。

◎ 第十章　给孩子创造一个利于开发智力的成长环境

孩子在进行体育运动之前，家长让孩子了解运动常识是必要的。比如体育运动的强度过大，不仅达不到运动的效果，还会对孩子的身体造成伤害。在进行体育锻炼之前，家长一定要教给孩子一些必要的体育运动常识，避免孩子在运动中受到伤害。运动的目的是增强孩子的抵抗力，降低孩子受伤的概率，如果孩子在运动中受了伤，就得不偿失了。所以，让孩子了解运动常识是非常必要的。

2.培养孩子对体育运动的兴趣

明明有点肥胖，爸爸为了让明明减肥，每天晚上都带明明出去跑步。可是明明不喜欢跑步，根本坚持不了。为了让明明坚持下去，爸爸答应如果明明能够坚持一个月，就给明明买一个新的变形金刚，为了玩具，明明坚持了一个月。

一个月后，明明跑步不再气喘吁吁，而且他喜欢上了跑步之后大汗淋漓的感觉，感觉整个人很舒服，有时候因为天气不佳没有去跑步，明明还会浑身不舒服。

后来，爸爸在家里帮明明装了一个墙挂式的沙袋，在刮风下雨不能跑步的日子里，明明可以在家里练习拳击。明明越来越喜欢运动的感觉。

爸爸发现，开始运动之后，明明的体形变好了，学习成绩也进步了，平时老打瞌睡的现象也几乎没有了，每天都活力十足的。

跑步初期，明明曾经想要放弃，在变形金刚的"诱惑"下，明明坚持了一个月，而21天就会形成一个习惯。一个月后，明明养成了运动的习惯，接触的体育运动也不再局限于跑步。而且爸爸还发现，体育运动的好处不只是改善体形这么简单，它的好处是很多的。家长应该想办法培养孩子对体育运

203

动的兴趣，让孩子爱上运动，主动去运动。

3.针对孩子身体发育的特点进行体育锻炼

孩子在不同的成长阶段，适合不同的运动方式。家长要根据孩子的身体发育状况，让孩子进行不同的体育锻炼。比如：三年级的孩子可以和家长一起去跑步、爬山，初一的孩子可以打篮球、练习跆拳道。体育运动的强度和孩子的身体发育状况要相符合，不然害处就会大于益处。

孩子在运动的过程中受到复杂的刺激，这些刺激通过身体的各种器官传达到孩子的大脑，孩子大脑收到的刺激越多，思维能力就会越强。体育运动可以使孩子的身体和思维更加灵活，自我控制力增强，思维敏感度提高。

休息好的孩子精力才充沛

芳芳刚刚升入四年级，最近喜欢上一部动画片，但是那部动画片晚上九点才播出。妈妈想，反正这个动画片也演不了几天，于是就懈怠了对芳芳作息时间的管理。渐渐地，芳芳受到老师的批评越来越多。后来，老师给芳芳的妈妈打来了电话。

老师说："最近芳芳的学习状态不好，上课的时候常常打瞌睡。"

老师让芳芳妈妈注意一下芳芳最近的生活作息。

芳芳妈妈通过和老师的交流，发现芳芳的问题都源于最近不规律的作息时间。

以前，芳芳九点已经睡觉了。现在，都十点了，芳芳还在看电视。睡眠时间不够，芳芳自然会打瞌睡。体力跟不上，学习效率就会大大

◎ 第十章　给孩子创造一个利于开发智力的成长环境

降低。

　　为了帮助芳芳，妈妈给芳芳制订了新的作息计划。妈妈让芳芳也参与到这个计划的制订中，在芳芳制订作息计划的时候，比较笼统，执行起来会非常困难，妈妈就帮助芳芳细化了这些作息计划，然后一步步地执行。一段时间之后，芳芳的作息变得有规律了，并且把时间安排得很好，芳芳喜欢的动画片，妈妈也会帮她录下来，周末的时候给她看。

　　案例中芳芳睡眠不足，导致学习的时候没有精力。为了改善芳芳的情况，妈妈和芳芳一起制订了作息计划。另外，芳芳的妈妈并没有因为芳芳上课打盹儿就禁止芳芳看动画片，而是把动画片录下来，让芳芳换个时间看。这是值得赞许的做法。

　　现在，上课打盹儿的孩子不在少数，初中和高中尤其多。而糟糕的作息时间是导致这个问题的主要原因。睡眠时间不规律，不仅会影响孩子的学习，还会影响孩子身体的健康成长。

　　科学合理的生活作息能缓解孩子的疲劳感，使孩子在生活和学习时有充沛的精力。合理的生活作息是根据孩子的生理情况和年龄特点分配一天学习、休息以及其他活动的时间和次序。

　　合理的作息习惯可以减少孩子脑力的损耗，保持孩子身体系统的平衡和对环境的适应能力。如果孩子的生活作息不规律，睡眠时间不足或者睡眠质量不高，孩子的注意力持续的时间就会很短，不能在较长的时间内全神贯注地完成一件事情，而且很容易产生疲劳感。

　　除此之外，充足的睡眠保证了孩子身体的健康成长，刺激了生长激素的分泌，保证孩子的精神和体力都得到充足的休息。

　　一般来说，六岁以下的孩子一天需要十二到十三个小时的睡眠时间，而十八岁以下的孩子睡眠时间应该保持在八到九个小时。作息不规律、睡眠不充足的孩子会出现精神萎靡、食欲下降的情况，家长可以根据这点来判断孩子的生活作息是否需要调整。

以下几点建议供家长参考。

1. 教孩子合理安排时间

家长可以帮助孩子制订科学合理的作息时间表，让孩子的生活规律化。制订作息时间表的时候，要给孩子安排充足的锻炼和睡眠时间。一般而言，孩子每天的体育锻炼时间应该在一到两个小时之间，睡眠的时间不要少于八个小时。睡眠不足，孩子的发育会受到影响，进而影响智力的发展。长期睡眠不足的孩子，表现为学习效率较低，成绩进步缓慢甚至退步。

另外，作息时间表也要安排孩子玩耍的时间。孩子在自由的时间内可以读课外书、画画，或者和朋友聊天。周末是属于孩子的闲暇时间，家长应该把这个时间交给孩子来安排。总而言之，合理的作息讲究张弛有度，不仅要让孩子珍惜时间努力学习，也要让孩子有充足的时间睡眠、锻炼，不要把孩子的时间表排得满满的。

2. 科学合理地安排课余活动

合理地安排好孩子的课余时间，让孩子自主地分配自己的时间，要遵循以下几点原则：第一，不要过多地干涉孩子的安排，比如孩子想周末出去轮滑，家长不要强迫孩子去补习班。第二，适当地监督孩子的行为，制订了作息表，而孩子违背计划去做了别的事情，家长应该批评孩子，让他明白遵守规则的重要性。第三，给孩子合理的建议，帮助孩子安排课余活动。比如留出一部分时间用于自我反省，留出时间和家人交流感情。

课余活动应该以休闲、娱乐为主，缓解孩子在学习中产生的疲劳感。

3. 科学合理地安排睡眠时间

拥有充足的睡眠，孩子学习的时候才能精力充足。孩子每天的睡眠时间应得到保证，睡眠不足会影响孩子身体的健康成长和智力发展。

睡眠时，孩子的大脑会分泌生长激素，提高身体新陈代谢的能力。为新一天的学习、生活提供能量。头一天晚上孩子的睡眠时间不足，第二天学习就没有充足的精力，可能会出现走神、发呆和打瞌睡的现象，影响孩子对课堂知识的理解。孩子没有理解知识，作业的质量就会降低。由此可见，充足的睡眠对孩子的身心健康是非常重要的。

另外，有些孩子的睡眠质量不是很高，这时候睡几个小时已经不是重点，重点在于如何睡好。因此在睡觉之前，孩子不要喝刺激性的饮料，比如咖啡、茶，也不要听刺激性音乐。

家庭环境的布置要兼顾孩子的智力开发

多多的爸爸是一名室内设计师，所以对家居设计有着自己独特的想法，这具体表现在多多的房间布置上。

多多的爸爸对多多的妈妈说："房间设置是属于孩子的世界，他可以充分发挥自己的想象力去布置房间，这样可以促进孩子智力的发展。我们让多多自己布置自己的房间吧！"

多多的妈妈说："那就让多多自己布置房间吧！"

在设计多多房间的装修风格时，多多的爸爸询问了多多的意见和兴趣所在，让多多参与到自己房间的布置活动中，找到最喜欢的风格。

多多的爸爸说："多多，你喜欢怎么布置自己的房间就怎么布置，爸爸给你打下手。"

多多很开心，他最喜欢的就是设计各种各样的东西。

除此之外，多多房间的选材都是天然的，选择了原木地板、防水漆、拼接板等装修材料，力图把多多房间内的所有元素都充分地利用起来。

"爸爸，我要在墙上画画，怎样把墙变得和黑板一样呢？"多多问。

"这个呀，涂上防水漆就可以了，画了画还可以擦掉嘛！"把墙面刷上防水漆，多多就可以在墙上画一些东西，不会损坏墙面，又激发多多的创造力和想象力。多多爸爸想，这个主意真是太好了。

多多的爸爸让多多按照自己的想法布置房间，目的是为了创造一个有利于多多智力发展的环境，而很多家长会忽略家庭环境布置对孩子智力开发的意义。

从通常意义来说，智力是一个比较复杂的概念，对于孩子而言，它具体指孩子认识事物、记忆事物、理解事物的能力，以及通过所学知识解决问题，创造新事物的才能。

孩子的智力开发和家庭环境布置有着密切的关系。良好的家庭环境布置可以大大地开发孩子的智力，促进孩子思维能力的发展。

家庭环境布置包括为孩子创设的学习环境、游戏环境和生活环境。家长应该根据不同的环境布置不同的装饰，比如，学习环境就要整洁有序，墙面应该干净，不要挂一些对孩子身心有影响的图画。为了达到智力开发的目的，游戏环境中应该放置有利于孩子智力发展的玩具，比如乐高积木。

在这里，有几点建议供家长参考。

1. 让孩子自己布置自己的房间

孩子有自己喜欢和擅长的东西，家长应该让孩子自己布置自己的房间，在适当的时候帮助孩子，通过布置自己的房间，使孩子的智力得到开发。智

◎ 第十章 给孩子创造一个利于开发智力的成长环境

力开发的意思是结合孩子的需求和智力发展，利用外界的元素促进孩子能力的提高。孩子自己知道自己擅长什么，不擅长什么，他自己布置的房间装饰的都是自己喜欢和擅长的东西。比如孩子喜欢拳击，就会在房间内装一个壁挂式沙袋。而拳击是一种体育运动，体育运动对孩子智力发展有好处。

最了解孩子想法的还是他自己，家长应该让孩子在布置自己的房间时参与其中。

2.在家里布置灵活的创造力模板

家中环境布置是刺激孩子智力发展的有效方式。家长在家里布置一些灵活的创造力模板，可以刺激孩子的探索欲望，激发孩子的好奇心。比如可以拆卸的拼接板就是不错的创造力模板。这些模板可以拼接成孩子想到的任何东西。

家具也是很好的创造力模板。比如有的家具极富创造力，有些家具成年人都不会组装。选择这样的家具布置家庭环境，对孩子的智力开发有好处。家长在家居设计方面应该选择有利于孩子智力开发的产品。

3.让孩子参与家庭环境布置

孩子是具有独立人格的个体，在商议家庭环境布置的时候，家长可以把孩子放在和自己平等的地位，听取孩子对家庭环境布置的意见，让孩子表达自己的意见，说出自己的要求。

家长让孩子参与到家庭环境的布置中，不是说让孩子随心所欲地布置家居环境。假如孩子要在墙上乱画，家长就该阻止孩子。在日常的家居环境布置中，多以家长设计为主，孩子的参与较少。家长应该鼓励孩子参与家庭环境布置，这样孩子才能从环境中吸取知识，并将自己融为环境的一部分。家庭环境布置作为一种特别的资源，有很大的教育价值。